사장하기
참 어렵네요

사장이라면
꼭 알아야 할  51문 51답

사장하기 참 어렵네요

사장이라면 꼭 알아야 할 51문 51답

초판 9쇄 발행 ㅣ 2021년 08월 10일
개정판 1쇄 발행 ㅣ 2023년 05월 20일

지은이 ㅣ 윤상필
펴낸이 ㅣ 최화숙
기 획 ㅣ 엔터스코리아
편집인 ㅣ 유창언
펴낸곳 ㅣ **이코노믹북스**

등록번호 ㅣ 제1994-000059호
출판등록 ㅣ 1994. 06. 09

주소 ㅣ 서울시 마포구 성미산로2길 33(서교동) 202호
전화 ㅣ 02)335-7353~4
팩스 ㅣ 02)325-4305
이메일 ㅣ pub95@hanmail.net ㅣ pub95@naver.com

ⓒ 윤상필 2019
ISBN 979-89-5775-309-5 03320
값 18,000원

사장하기
참 어렵네요

사장이라면 꼭 알아야 할 51문 51답

윤상필 지음

이코노믹북스

프롤로그

대한민국 경제의 최전방 야전지휘관,
중소기업 사장을 위해서

중소기업을 운영하는 사장님을 대상으로 경영컨설팅 자문을 한
지 벌써 10년이 훌쩍 넘었다. 그동안 연매출 1억 원의 소규모 공장
사장님부터 전 세계 수천 개의 매장을 가지고 있는 매출 1조 원의
글로벌 기업 사장님까지 1,500명이 넘는 경영자들을 만나왔다. 다
양한 규모와 형태의 기업을 대상으로 절세, 노무, 자금, 마케팅전략
등 회사 경영과 관련된 모든 부분을 컨설팅해 오고 있다. '중소기업
경영 자문 서비스'라는 말 자체가 생소했던 시기 중소기업 시장에
뛰어들어 경영컨설팅을 한다며 사장님들을 찾아다녔던 시절이 있
었다. 돌아보면 참 엊그제 같다. 직원이 100명이 넘는데도 근로계약
서도 쓰지 않던 그런 시절이었다. 그런 현장에서 근로기준법과 노

무에 대한 세미나를 열고, 비상장주식 가치평가에 대한 강의를 하고, 정관의 중요성을 설명했다. 매일 아침 상담할 업체로 출근해서 그곳에서 퇴근했다. 그렇게 현장에서 사장님들과 지내다 보니 알게 된 것이 있었다. 바로 '중소기업 사장의 고단함'이었다. 행정상의 어려움뿐만 아니라 그분들이 마음속에 가지고 있는 고민이 보이기 시작했다.

사장이라는 자리의 무게와 고단함

사장이라는 자리는 회사가 잘되면 잘되는 대로 미래에 대한 걱정이 있고, 안 되면 안 되는 대로 회사를 유지해야 하는 걱정이 있다. 자신의 월급은 못 가져가도 직원의 월급은 지급해야 하니 살고 있는 아파트로 담보대출을 받기도 한다. 급한 자금이 필요해 지인에게 아쉬운 소리를 해야 하는 때도 많다.

사장님들의 마음을 이해하는 것은 아마도 지금 내가 사장이기 때문일 것이다. 회사를 설립해 직접 운영하면서 사장님들이 고민했던 문제들을 내가 그대로 겪기 시작했다. 사무실 임대료, 매달 돌아오는 직원 급여, 예상치 않은 지출, 시장 변화에 따른 새로운 콘텐츠 개발과 비즈니스 모델 구상 등등 기본적인 자문 업무 이외에도 매일매일 부수적으로 발생하는 과제와 문제를 해결해야 했다. 그러면서 과거 내 모습을 돌아보게 되었다. 과연 얼마나 업체와 사장님들 입장에서 상담을 진행했을까? 혹시 기계적으로 법 조항과 규정만 설명하진 않았던가? 그런 적도 있었던 같다.

사장이 되어 각종 문제에 당면하고, 또 해결해 가면서 대한민국에서 직원을 두고 10년 넘게 사업을 영위하는 중소기업 사장님들 한 분 한 분에 대한 존경심이 생겼다. 회사를 만들고, 직원을 고용하고, 일과 급여를 주고, 고객을 유치하고, 상품을 제공하고, 그들을 만족시키고, 그러면서 법과 제도를 지켜가며 회사를 운영한다는 것은 그야말로 대단한 일이다. 중소기업 사장이라는 자체만으로도 이 시대의 슈퍼히어로다.

사장들이 가장 궁금해하고 걱정하는 것들에 대한 대답

사업을 하는 가장 기본적인 이유는 이윤 추구다. 그러나 사회가 점점 복잡해지면서 이윤 추구를 위해 시작한 사업이 그 방향을 잃어가게 된다. 종합소득세·부가가치세·법인세·지방세 등의 세금 문제, 진정과 고발 고소, 횡령과 배임, 적대적 M&A, 대출이자 등 수없이 많은 규제와 세금, 갈등과 위기가 발생하고 그것들을 해결하다 보면 어느 순간 정작 무엇을 위해 사업을 하고 있는지 잊게 된다. 그렇게 무작정 앞만 보고 가는 사장님들을 본다. 그분들은 자신의 업에 전념하기 때문에 무엇이 잘못되었는지 모르는 경우가 많다.

이 책은 그런 분들에게 작게나마 도움이 되길 바라는 마음에서 시작했다. 대한민국에서 사장을 하면서 꼭 알아야 할 행정적인 사항들, 알고 있으면 억울한 피해를 당하지 않을 사항들을 담았다. 사장님들로부터 가장 많이 받는 질문들, 즉 사장님들이 가장 궁금해하는 것들과 경영을 하면서 많이 놓치는 부분들을 중심으로 구성했다.

'Part 1 사업의 시작'에서는 노무와 세금, 재산권에 대한 내용을 정리했다. 국가 지원 정책에 대한 정보도 여기에 넣었다. 'Part 2 성장의 시작'에서는 사업 확장과 배당 등에 관한 내용을 정리했다. 'Part 3 사장의 미래'에서는 사업에 임하는 마인드와 4차 산업혁명의 시대에 사장은 어떤 준비를 해야 하는지에 대한 고민을 풀어보았다.

이 책의 내용은 사업을 준비하고 있는 분들에게도 도움이 될 것이다. 좋은 아이템을 가지고 희망차게 사업을 시작했는데 행정적인 문제로 발목이 잡히는 경우를 많이 보았다. 책을 한 번 읽은 후에 사업을 시작하면 어떤 문제에 대비해야 하는지, 어떤 지원을 받을 수 있는지 등을 대략적으로 파악해 보다 견고하게 사업 계획을 세울 수 있을 것이다. 최대한 쉽게 쓰려고 노력을 했으나 내용 자체가 쉽지 않다 보니 어렵게 느껴지는 부분이 있다. 시험을 보기 위한 것이 아니니 편한 마음으로 '이런 제도가 있구나' '이걸 주의해야 하는구나' 하는 정도로 읽어가면 충분할 것 같다.

감사의 마음을 전하며

책을 준비하면서 주변에 감사한 분들이 많다는 것을 다시 한 번 느꼈다. 세무 부분을 감수해 주신 더클회계법인 원형태 회계사님, 노무 부분을 감수해 주신 공인노무법인 허해도 노무사님, 무형자산 부분을 감수해 주신 이주철 변리사님, 감정평가 부분을 감수해 주신 최희영 감정평가사님, 상법 부문을 감수해 주신 신용철 변호사님, 그 외에 저희와 함께 일을 하는 모든 전문가 분들에게 감사의 말씀을 전한다. 책을 출간하는 데 도움을 주신 성공박사 정찬우 대표님, 엔터스코리아 양원근 대표님, 이코노믹북스 유창언 대표님과 직원들께도 감사인사를 전한다.

"주는 것이 얻는 것이다"라는 나의 개똥철학을 묵묵히 들어주며 믿고 따라주는 우리 에이큐브㈜ 가족들, 가세현 이사, 이현석 이사, 강구슬 팀장 그리고 중소기업 사장님들의 경영 관리를 위해 지금 이 시간에도 열심히 현장에서 상담한다고 바쁜 에이큐브 전국 센터 장님들과 멘토님들, TOP 멤버 분들께도 감사드린다.

스무 살에 만나 25년간 한결같이 지지해 주는 나의 사랑 아내 김지영, 바쁜 아빠를 좋아해 주는 나의 보물 현수와 다인이, 항상 사랑으로 감싸주시는 아버지와 어머니, 살갑지 못한 사위를 늘 따뜻하게 맞아주시는 장인어른과 장모님, 그 외 가족 모두에게 감사인사를 드린다.

대한민국 경제의 최전방에서
지금도 피땀을 흘리고 계시는
야전지휘관 중소기업 사장님들을 응원합니다.
이 책이 작은 도움이 되기를 기대합니다.

2019년 9월 윤상필

CONTENTS

Chapter 3 │ 경쟁력을 높이고
　　　　　 기업 가치를 키우기 위한 운영 전략－경영 관리

사업의 시작

STARTUP

Chapter 1

근로계약부터
퇴직금까지,
사장이 알아야 할
직원 관리

― 노무

01 ▼ 직원이 한 명인데도
▼ 근로계약서를
써야 할까?

핵심 답변

직원이 한 명이라도 있으면 무조건 근로계약서를 써야 한다. 근로계약서는 정규직, 아르바이트, 파트타이머, 단시간근로자 등 근무형태와 관계없이 반드시 작성해야 한다. 작성 후에는 그 사본을 근로자에게 교부해야 한다. 근로계약을 작성하지 않거나 교부하지 않는 경우 벌금 또는 과태료를 부과받는다.

사업장이 작은 경우 직원을 두고 있어도 근로계약서를 작성하지 않는 곳이 많다. 특히 아르바이트 등의 시간제 근무자를 고용하는 사업장에서 근로계약서 작성 의무를 소홀히 하는 경우가 있다. 그러나 근로계약서를 작성하지 않으면 근로기준법에 따라 상당히 큰 벌금을 부과받는다. 근로자가 단 한 명이라도 근로계약서는 무조건 쓰는 것이 원칙이다. 과거에는 근로계약서 미작성 시 유예기간을 두거나 한 번 정도는 넘어가 주는 경우도 있었다. 하지만 불시 점검이나 진정·고발 등을 통해 적발될 경우 처벌을 받는다. 짧은 기간이라도 직원을 고용한다면 정규직·비정규직 등의 근무형태와 상관없이 근로를 하는 인원은 무조건 근로계약서를 작성하는 습관을 가져야 한다.

• 근로계약서 미작성 처벌 기준
　통상 근로자의 경우 : 사용자에게 500만 원 이하의 벌금형
　기간제 및 단시간근로자의 경우 : 최대 500만 원 이하의 과태료

근로계약서는 어떻게 작성해야 할까?

근로계약서에는 임금, 소정근로시간, 휴일과 연차 규정 그리고 대통령령으로 정하는 근로조건을 명기해야 한다. '임금'에는 근로자가 어떤 항목으로 얼마를 지급받는지를 구체적으로 적는다. '소정근로시간'은 근로자와 사업주가 정한 근로시간으로 몇 시간인지를 적어야 한다. '주휴일'은 근로자가 일주일을 근무하면 유급휴일 하루를 부여하는 것이다.

그리고 근로기준법에는 '연차 규정(제60조)'이라는 것이 있다. 연차는 근무 1년 차 미만은 한 달 근무 시 하루씩 지급하고 근무 1년

이 지나면 최소 15일에서 최대 25일까지 지급해야 한다. 일반적으로 정규직 근로자인 경우엔 근무기간은 별도로 작성하지 않지만 계약직인 경우는 근로기간을 명기한다.

처음 사업을 시작하는 사장의 경우에는 근로기준법에 맞게 근로계약서를 작성하는 것이 어려울 것이다. 고용노동부 사이트(www.moel.go.kr)에서는 표준근로계약서 양식을 제공하고 있으니 꼭 근로계약서를 쓰고 직원에게 교부하는 습관을 가져야 한다. '잠깐 아르바이트를 쓰는 건데 쓸 필요가 있나?' '아는 사이인데 뭘 그런 것을 쓰냐?'는 생각을 버리길 바란다(∵ 부록에 있는 '표준근로계약서' 양식 참고).

근로계약서 관련 법령

제17조(근로조건의 명시)

① 사용자는 근로계약을 체결할 때에 근로자에게 다음 각 호의 사항을 명시하여야 한다. 근로계약 체결 후 다음 각 호의 사항을 변경하는 경우에도 또한 같다. 〈개정 2010.5.25.〉

   1. 임금

   2. 소정근로시간

   3. 제55조에 따른 휴일

   4. 제60조에 따른 연차 유급휴가

   5. 그 밖에 대통령령으로 정하는 근로조건

② 사용자는 제1항 제1호와 관련한 임금의 구성항목 · 계산방법 · 지급방법 및 제2호부터 제4호까지의 사항이 명시된 서면을 근로자에게 교부하여야 한다. 다만, 본문에 따른 사항이 단체협약 또는 취업규칙의 변경 등 대통령령으로 정하는 사유로 인하여 변경되는 경우에는 근로자의 요구가 있으면 그 근로자에게 교부하여야 한다.

제18조(단시간근로자의 근로조건)

① 단시간근로자의 근로조건은 그 사업장의 같은 종류의 업무에 종사하는 통상 근로자의 근로시간을 기준으로 산정한 비율에 따라 결정되어야 한다.

② 제1항에 따라 근로조건을 결정할 때에 기준이 되는 사항이나 그밖에 필요한 사항은 대통령령으로 정한다.

③ 4주 동안(4주 미만으로 근로하는 경우에는 그 기간)을 평균하여 1주 동안의 소정근로시간이 15시간 미만인 근로자에 대하여는 제55조와 제60조를 적용하지 아니한다.

제55조(휴일)

① 사용자는 근로자에게 1주에 평균 1회 이상의 유급휴일을 보장하여야 한다.

② 사용자는 근로자에게 대통령령으로 정하는 휴일을 유급으로 보장하여야 한다. 다만, 근로자대표와 서면으로 합의한 경우 특정한 근로일로 대체할 수 있다

02 ▼ 알바생이 주휴수당을 ▼ 못 받았다고 신고를 했다. 주휴수당이 뭐지?

핵심 답변

근로기준법에는 사용자는 근로자에게 1주에 평균 1회 이상의 유급휴일을 보장하여야 한다고 되어 있다. 그리고 여기서 이야기하는 근로자의 기준은 1주에 15시간 이상, 한 달 60시간 이상 근무했다면 근로자에 해당된다. 따라서 아르바이트생이라도 1주에 15시간 이상을 근무했다면 최소 3시간에서 최대 8시간의 시급을 주휴수당으로 계산해 추가로 지급해야 한다.

요즘 소규모 사업장에서 아르바이트생이나 파트타이머라고 불리는 직원이 몇 달간 일하다가 나간 후 주휴수당을 받지 못했다고 고용노동부에 신고하는 일들이 자주 발생한다. 이런 문제를 이해하려면 우선 근로기준법에 있는 근로자의 개념을 알아야 한다. 흔히 말하는 아르바이트생, 파트타이머 등과 같은 형태의 근로자에 대한 규정은 근로기준법에는 존재하지 않는다. 근로기준법상으로는 '근로자'와 '단시간근로자'로 구분될 뿐이다. 근로자는 일반적인 근로자를 생각하면 된다. 단시간근로자는 1주에 15시간 미만, 월 60시간 미만 근무하는 근로자를 말한다.

따라서 1주에 최소 15시간 이상 근무하는 사람은 법적으로 모두 근로자인 것이다. 사장이 아르바이트라고 뽑고, 그렇게 근로계약을 맺었으나 1주에 15시간 이상 근무한다면 아르바이트도 법적으로 근로자이므로 주휴수당을 지급해야 한다. 근로기준법에서는 1주 동안 근무일수를 다 채운 근로자에게 하루치의 유급 주휴일을 주도록 하고 있다. 주휴일에 주는 임금(유급) 1일분이 주휴수당이다.

반면 단시간근로자의 경우 1주간 근로하면 하루의 유급휴가를 줘야 한다는 근로기준법 '제55조(유급휴일)의 주휴수당 규정'과 1년이 지나면 15일 이상의 연차휴일을 주어야 한다는 근로기준법 '제60조의(연차휴일) 연차 규정'에 적용받지 않는다. 또한 근무한 지 1년이 지나면 지급되는 퇴직금에 대한 규정도 적용받지 않는다.

주휴수당 계산은 어떻게 할까?

주휴수당은 1주에 40시간을 기준으로 하루분, 즉 8시간의 시급을 지급하는 것이다. 예를 들어 시급이 10,000원에 8시간 근무했다면 80,000원을 주휴수당으로 추가 지급해야 한다. 단 주휴수당은 1주

★ 1주에 15시간 이상 근무한다면
아르바이트에게도 주휴수당을 지급해야 한다.

에 50시간을 일했다 하더라도 하루분 금액인 8만 원으로 동일하다.

• 시급 10,000원 × 8시간 = 80,000원

　반면 근로자가 1주에 20시간을 근무했다면 주휴수당은 40,000원이 된다. 따라서 근로자를 고용할 때 근로시간은 상당히 중요한 판단 기준이 된다는 것을 꼭 인지해야 한다.

• 시급 10,000원 × 8시간 × 20/40 = 40,000원

---

03 ▾ 근로기준법에 맞는 직원 급여, '임금대장' 어떻게 구성할까?

핵심 답변

직원의 급여를 법 기준에 맞게 책정하려면 다섯 가지의 원칙을 알면 쉽게 해결할 수 있다. '최저시급' '소정근로시간' '주휴수당' '가산수당' 그리고 '사업장 상시근로자수'를 알면 법에 위반되지 않는 임금대장을 직접 작성할 수 있다.

직원의 급여를 법 기준에 맞게 책정하려면 다섯 가지의 원칙을 알면 쉽게 해결할 수 있다. '최저시급' '소정근로시간' '주휴수당' '가산수당' 그리고 '사업장 상시근로자수'를 알면 법에 위반되지 않는 임금대장을 직접 작성할 수 있다.

근로자의 임금을 책정하는 것은 무척 중요한 일이다. 노무 기준이 강화되어서 임금대장을 잘 구성하는 것도 필수적이다. 너무 많이 줘도, 너무 적게 줘도 문제가 된다. 왜 많이 지급하는 것이 문제가 될까? 임금대장이 근로기준법에 맞게 체계를 잘 갖춘 상태에서 많이 주는 것은 크게 문제가 되지 않는다. 그러나 법 기준에 맞지 않게 그냥 총액 기준으로 급여를 많이 주면 예상치 않은 문제에 봉착하게 된다.

급여를 어떻게 책정해야 문제가 없을까? 크게 다섯 가지에 신경 써서 임금대장을 구성하면 문제를 줄일 수 있다. 그럼 간단히 기본적인 임금대장을 구성해 보자.

임금 계산 5단계

임금 계산의 첫 단계는 소정근로시간 계산이다. 사업장에서 하루 몇 시간을 근무하는지 계산하는 것이다.

예를 들어 직원이 월요일부터 금요일까지 주 5일을 출근해 오전 9시부터 오후 6시까지 근무하고 점심시간이 1시간이라면 이 직원의 하루 소정근로시간은 총 8시간이 된다.

- 1단계 : 하루 근무시간 계산

  18시(퇴근시간) − 9시(출근시간) − 1시간(점심시간) = 8시간

그리고 1주에 5일 동안(월~금)을 근무한다면

- 2단계 : 주간 근무시간 계산

  하루 8시간 × 5일 = 40시간

그럼 이 근로자는 한 주에 총 40시간 근무하는 것이다. 그럼 이걸로 끝일까? 아니다. 여기에 주휴수당에 해당하는 8시간 분을 계산해 포함해야 한다. 근로기준법에 따라 근로자가 1주를 근무하면 하루의 유급휴일을 주어야 한다. 유급휴일에 지급하는 급여가 주휴수당이다.

- 3단계 : 주휴일 포함 시간 계산

  40시간 + 8시간(주휴일) = 48시간

따라서 1주의 임금을 지급해야 할 시간은 40시간이 아닌 48시간이 된다. 또 통상적으로 임금은 주 단위가 아니라 월 단위, 즉 월급으로 지급한다. 한 달은 평균 4.34주 정도가 되는데, 한 달의 근무

시간을 계산하면 209시간이다.

• 4단계 : 한 달 근무시간 계산
　　　한주 48시간 × 한 달 4.34주 = 209시간(반올림)

　한 달간의 총 근무시간을 구했으면, 다음은 시간당 얼마를 줄 것인지를 결정해야 한다. 이건 누가 정할까? 사업주가 정하면 된다. 시간당 임금이 1만 원이라면 앞서 계산한 근무시간과 곱해 직원의 월급은 209만 원이 된다.

• 5단계 : 한 달 급여 계산
　　　209시간 × 시급 1만 원 = 209만 원

　만약 사업주가 직원에게 시간당 2만 원으로 주겠다고 하면 직원의 월급은 418만 원이 될 것이다.

최저임금제도란?

　이렇게 직원의 수준과 회사의 상황에 따라 회사가 적정한 시급을 정하고 근무시간을 계산해 월급이 결정된다. 이때 시급을 높게 주는 것은 크게 문제가 되지 않는다. 그러나 사업주가 인건비를 줄이고자 시급을 낮게 책정할 수도 있는데 일자리를 꼭 구해야 하는 절박한 근로자의 입장에서는 낮게 책정된 시급으로 근로계약을 하자고 하면 어쩔 수 없을 것이다. 따라서 국가는 근로자를 보호하기 위해 적정시급을 사업주 마음대로 정할 수는 있으나, 너무 낮게는 주지 말라는 취지에서 최저임금(시급)제를 도입하고 있다.

국가는 매년 최저임금을 고시하는데 사장은 최저임금 고시 금액에 맞춰 임금을 주어야 한다. 현재 대한민국의 최저시급은 9,620원(2023년도 기준)이다. 따라서 사업주는 아무리 적게 임금을 주고 싶어도 월급 기준으로 209시간 × 9,620원(최저시급)=2,010,580원 이상을 주어야 최저임금법 위반이 되지 않는다.

• 2023년도 기준 대한민국의 최저임금
  시급 : 9,620원
  월급 : 2,010,580원(주 40시간, 주휴수당 포함)
  연봉 : 약 2,410만 원

---

04 ▼ 상시근로자 5인 미만과 5인 이상, 근로기준법상 차이는 무엇일까?

핵심 답변

상시근로자 5인 이상 사업장이 되면 연장·야간·휴일 근무 시 기존 근무시간에 50%의 가산수당을 추가로 지급해야 한다. 또한 연차 유급휴일도 근무연수에 따라 최대 25일까지 추가로 부여해야 한다. 대부분의 근로기준법에도 적용을 받게 된다. 따라서 상시근로자 5인 이상으로 직원을 추가 고용해야 할 경우 신중하게 결정해야 한다.

회사를 운영하다 보면 인력을 늘려야 할 때가 온다. 그러나 상시근로자가 5인 미만일 때와 다르게 5인 이상이 되면 지켜야 할 규정의 폭이 커지고 지급해야 하는 임금도 늘어난다. 단순히 생각하면 직원 한 명을 더 고용할 때 추가되는 급여와 4대 보험료 증가 정도만 예상할 수 있다. 하지만 근로기준법상으로는 상시근로자 5인 미만인 사업장과 5인 이상 사업장에 적용되는 규정에는 큰 차이가 있다. 대한민국의 노무 규정은 업종, 지역, 개인사업자, 법인사업자와 같은 항목으로 분류되는 것이 아니라 그 사업장에 상시적 근로하는 근로자의 숫자에 따라 달라진다.

상시근로자가 5인 이상이면 근로기준법 적용 범위가 커진다

상시근로자 5인 미만 사업장은 영세사업장으로 분류되어서 근로기준법에서 일부분만을 적용받는다. 반면 상시근로자가 5인 이상이 되면 근로기준법에 대한 적용 범위가 커져 지켜야 할 사항들이 많이 늘어난다. 대표적인 것이 가산수당이다. 1주에 40시간 이상을 근무하면 '연장근무', 당일 22시부터 익일 6시까지 근무하면 '야간근무', 그리고 주휴일에 근무하면 '휴일근무'라고 한다. 이런 형태의 근무가 발생했을 경우 통상임금의 100분의 50 이상, 즉 기본 시급에 50%를 더 주어야 한다.

◎ 상시근로자 인원에 따라 달라지는 규정

상시근로자 5인 미만 사업장	상시근로자 5인 이상 사업장	상시근로자 30인 이상 사업장
1. 근로계약서 작성 2. 퇴직금 지급 3. 주휴수당 지급 4. 최저임금 준수 5. 연장시급 지급 　(가산수당 없음)	5인 미만 사업장 준수사항 + 6. 가산수당 지급 　1) 연장근로 시 통상시급 　　50% 가산수당 지급 　2) 야간휴일근로 시 통상시 　　급 50% 가산수당 지급 7. 연차휴가 지급 　(최소 15일~최대 25일) 8. 취업규칙 작성 및 비치 　(상시근로자 10인 이상)	30인 미만 사업장 준수사항 + 9. 노사협의회 구성 10. 고충처리위원회

연장 가산수당은 얼마나 늘어날까?

상시근로자가 4인일 때와 5인이 되었을 때 연장 가산수당에는 얼마나 차이가 나는지 예를 들어 살펴보자.

• ㈜ A식품
시급 : 10,000원
일일소정근로시간 : 09:00 ~ 20:00
휴식시간 : 점심시간 1시간 / 석식 없음
주말근무 없음

---

1. 주 근무시간 계산

일일 근로시간 :

총 근로시간 11시간 - 휴식시간 1시간 = 총 근로시간 10시간

일일 초과근로시간 :

일일 총 근로시간 10시간 - 일일 법정근로시간 8시간 = 2시간

1주간 초과근로시간 : 일일 초과근로시간 2시간 × 주 5일 = 10시간

2. 한 달 초과근로시간 계산

한 달간 초과근로시간 :

1주간 초과근로시간 10시간 × 한 달(4.34주) = 총 약 44시간

3. 연장근무 시 지급되는 가산수당 계산

상시근로자 5인 미만 사업장일 경우 : 44 시간 × 시급 10,000원 = 440,000원

상시근로자 5인 이상 사업장인 경우 : 44 시간 × 시급 10,000원 × 1.5배 = 660,000원

A식품은 44시간의 연장근무를 하게 되면 상시근로자가 5인 이상이 되었을 경우 1인당 22만 원의 가산수당을 더 지급해야 한다. 따라서 기존 4인 기준으로 보았을 경우 회사는 88만 원의 급여를 더 지급하는 것이다.

- 상시근로자 5인 이상 기준(660,000원) − 상시근로자 4인 기준(440,000원) = 1인당 연장근무 가산수당 (220,000원)
- 사업체 추가 부담액 : 220,000원 × 4인 = 880,000원

　여기에 가산수당의 기준이 통상임금이기 때문에 통상임금 기준에 들어가는 임금이 추가로 더 구성된 회사의 경우에는 그 항목으로 인해 더 큰 임금 계산 오류가 발생할 가능성이 높다. 또 상시근로자 5인 이상 사업장의 근로자부터 연차휴일 규정도 적용되기 때문에 사업주 입장에서 상시근로자 5인 미만과 5인 이상의 차이는 생각보다 크다. 따라서 소규모 사업장에서는 상시근로자 인원에 신경을 써야 한다.

★ 상시근로자가 5인 이상이 되면 지켜야 할 규정의 폭이 커진다.

근로기준법 제56조(연장 · 야간 및 휴일 근로)

① 사용자는 1일 8시간 이상의 연장근로에 대하여는 통상임금의 100분의 50 이상을 가산하여 근로자에게 지급하여야 한다.

② 제1항에도 불구하고 사용자는 휴일근로에 대하여는 다음 각 호의 기준에 따른 금액 이상을 가산하여 근로자에게 지급하여야 한다.

　－8시간 이내의 휴일근로 : 통상임금의 100분의 50

　－8시간을 초과한 휴일근로 : 통상임금의 100분의 100

③ 사용자는 야간근로(오후 10시부터 다음 날 오전 6시 사이의 근로를 말한다)에 대하여는 통상임금의 100분의 50 이상을 가산하여 근로자에게 지급하여야 한다. 〈신설 2018.3.20.〉

근로기준법 제60조(연차 유급휴가)

① 사용자는 1년간 80퍼센트 이상 출근한 근로자에게 15일의 유급휴가를 주어야 한다. 〈개정 2012. 2. 1.〉

② 사용자는 계속하여 근로한 기간이 1년 미만인 근로자 또는 1년간 80퍼센트 미만 출근한 근로자에게 1개월 개근 시 1일의 유급휴가를 주어야 한다. 〈개정 2012. 2. 1.〉

③ 사용자는 3년 이상 계속하여 근로한 근로자에게는 제1항에 따른 휴가에 최초 1년을 초과하는 계속 근로 연수 매 2년에 대하여 1일을 가산한 유급휴가를 주어야 한다. 이 경우 가산휴가를 포함한 총 휴가 일수는 25일을 한도로 한다.

④ 사용자는 제1항부터 제4항까지의 규정에 따른 휴가를 근로자가 청구한 시기에 주어야 하고, 그 기간에 대하여는 취업규칙 등에서 정하는 통상임금 또는 평균임금을 지급하여야 한다.

다만, 근로자가 청구한 시기에 휴가를 주는 것이 사업 운영에 막대한 지장이 있는 경우에는 그 시기를 변경할 수 있다.

⑤ 제1항 및 제2항을 적용하는 경우 다음 각 호의 어느 하나에 해당하는 기간은 출근한 것으로 본다. 〈개정 2012. 2. 1., 2017. 11. 28.〉

　1. 근로자가 업무상의 부상 또는 질병으로 휴업한 기간

　2. 임신 중의 여성이 제74조 제1항부터 제3항까지의 규정에 따른 휴가로 휴업한 기간

　3. 「남녀고용평등과 일·가정 양립 지원에 관한 법률」 제19조 제1항에 따른 육아휴직으로 휴업한 기간

⑥ 제1항, 제2항 및 제4항에 따른 휴가는 1년간(계속하여 근로한 기간이 1년미만인 근로자의 제2항에 따른 유급휴가는 최초 1년의 근로가 끝날 때까지의 기간을 말한다) 행사하지 아니하면 소멸된다. 다만, 사용자의 귀책 사유로 사용하지 못한 경우에는 그러하지 아니한다. 〈개정 2020. 3. 31.〉

05 ▼▼▼ 한 달 일한 직원에게도 연차휴일을 주어야 한다는데 정말일까?

핵심 답변

상시근로자 5인 이상 사업장은 한 달만 근무해도 하루의 연차휴일을 주어야 한다. 한 달에 하루의 연차휴가, 입사 후 1년 동안 11일의 연차휴가가 발생되며, 2년 차가 되면 15일의 연차가 추가로 발생된다. 따라서 연차휴일을 제대로 정리하지 못하면 큰 낭패를 볼 수 있다.

연차휴일은 유급휴일이다. 즉 근로자가 급여를 받으면서 쉬는 휴일을 말한다. 근로자의 유급휴일에는 첫째 '주휴일'이 있다. 일반 회사에서는 일요일을 주휴일로 많이 하며 연간 총 주휴일은 52일이다. 유급휴일의 두 번째는 '근로자의 날'로 1년에 하루다. 법은 기본적으로는 근로자에게 총 53일의 유급휴일을 보장한다. 그리고 유급휴일의 세 번째는 '연차휴일'이다. 연차휴일 규정은 현재 상시근로자 5인 이상 사업장에 적용된다.

현재 연차 규정에 따르면 신입사원 기준으로 한 달을 근무하면 하루의 연차를 사용할 수 있도록 하고 있다. 따라서 신입사원 입사 후 1년 차에는 총 11일의 연차를 사용할 수 있다. 그리고 신입사원이 1년 후 출근율이 80% 이상이 되면 2년 차에는 언제든지 사용할 수 있는 연차휴일 15일이 부여된다.

- 1년 미만 근속기간 연차
  한 달 근로 시 1일씩 연차휴일 부여(1년간 총 11일 가능)
- 1년 이상 근속 시점 연차
  2년 차가 되면 15일의 연차휴일 부여

연차휴일수는 어떻게 발생할까?

예를 들어보자. 신입사원 B는 2019년 1월 1일에 입사했다. B는 2월 1일이 되면 연차휴일 1일을 받는다. 3월 1일이 되면 또 1일을 받는다. 만약 2월의 연차휴일을 사용하지 않았다면 누적되어 3월에는 연차휴일 2일을 사용할 수 있다. 이런 식으로 2019년도 한 해에 B사원이 총 사용할 수 있는 연차휴일은 총 11일이 된다. 그리고 2020년 1월 1일이 되면 신입사업 B는 2년 차가 되면서 15일의 연차휴일이 추가로 부여된다.

◎ 1월 1일에 입사한 B의 연차휴일 발생 누적 일수

날짜 (월/일)	2/1	3/1	4/1	5/1	6/1	7/1	8/1	9/1	10/1	11/1	12/1	1/1
연차 휴일 누적 일수	1	2	3	4	5	6	7	8	9	10	11	11+15

퇴사 시 사용하지 않은 연차는 수당으로 지급

연차 규정이 변경된 지 얼마 되지 않아 아직까지 현장에서 혼란과 문제가 발생하고 있다. 예를 들면 이렇다. B사원이 2019년도에 연차휴가를 한 번도 사용하지 않은 채 2년 차가 되었는데 2020년 1월 중순에 B가 퇴사한다면 연차휴일은 어떻게 처리해야 할까? 회사는 B에게 1년 차 누적 연차휴일 11일과 2년 차 연차휴일 15일(총 26일)에 대한 연차수당을 지급해야 한다. 만약 B의 시급이 1만 원이라면 연차수당은 총 208만 원이 된다.

· 1일 연차수당(1만 원 × 8시간) × 26일 = 총 208만 원

연차 사용 촉진제도

연차는 근로자 유급 휴가제도이다. 즉, 근로자가 본인이 원하는 기간에 휴가를 가게 하는 제도이다. 그리고 그런 적당한 휴식을 통

해 근로자의 삶의 질과 생산성 향상을 높이고자 하는 좋은 의도로 만들어진 제도이다. 그런데 종종 이 제도를 악용해서 일부러 휴가를 가지 않고 연차수당으로 받으려는 일들이 생겨나기 시작했다.

그리고 결국 이런 일들을 방지하고자 회사가 적극적인 휴가 사용을 장려했음에도 불구하고 근로자가 무작정 연차휴가를 사용하지 않는다면 남은 연차는 자동소멸되는 제도를 사용할 수 있게 하는 제도이다. 그러나 이 제도에서 적극적인 사용 장려에 대한 기준이 있고, 그 기준에 부합해야지만 연차가 소멸된다는 것이다.

적극적인 사용 장려 기준이란 사용자(회사)는 연차가 소멸하기 6개월 전에 1차적으로 근로자에게 남은 휴가 일수를 알려야 하며, 근로자는 알림을 받는 날로부터 10일 이내에 휴가 사용 시기를 회사에 통보해야 한다. 또, 연차 소멸 2개월 전에 다시 2차 사용 촉진을 하여 근로자에게 연차 사용 통보를 전해야 한다.

근로기간	1차 통보 시기	2차 통보 시기
1년 미만	입사 1년 차 되기 3개월 전	입사 1년 차 되기 1개월 전
1년 이상	연차 부여 후 6개월 후 (7.1~7.10 , 회기년도 기준)	연차 부여 후 10개월 후 (10.1~10.10일, 회기년도 기준)

효율적인 연차 대응 전략은?

근로자의 연차는 중소기업에게 부담이 될 수 있다. 그러나 근로자의 휴가는 일하는데 있어서 중요한 요소이기도 하다. 따라서 사장은 근로자의 연차를 효과적으로 대응하기 위해 몇 가지 전략을 고려할 수 있다.

a. **유연한 근무시간 도입**: 유연한 근무시간을 도입하면 근로자들이 업무와 개인의 사정을 더 잘 조화시킬 수 있게 도와준다. 이로 인해 근로자들의 연차 사용이 줄어들 수 있다.

b. **임시 인력 확보**: 연차 사용으로 인한 인력 부족 시, 일시적으로 외부 인력을 고용하여 업무를 지원하는 것을 고려할 수 있다. 이는 일시적인 인력 부족 문제를 해결하는 데 도움이 된다.

c. **효율적인 업무 분배**: 근로자의 연차가 발생할 때, 해당 근로자의 업무를 다른 근로자가 대신할 수 있는 역량을 가지도록 업무 분배를 효율적으로 진행하는 것도 중요하다.

d. **교육 및 훈련 프로그램**: 근로자들에게 다양한 업무를 수행할 수 있는 교육 및 훈련 프로그램을 제공하면, 연차 사용 시 다

른 팀원이 업무를 대체하기 쉬워진다.

e. 휴가 일정 관리: 근로자의 연차 일정을 미리 파악하고 관리하는 것이 중요하다. 일정이 겹치지 않도록 충분한 조정과 계획이 필요하다.

이러한 전략을 적용하여 근로자의 연차를 효과적으로 대응하면서도 중소기업의 업무를 지속 가능하게 유지할 수 있도록 최대한 노력한다.

06 ▼ 비정규직 직원과
       ▼ 아르바이트도
       ▼ 4대 보험에 가입해야 할까?

핵심 답변

근로자의 4대 보험 가입 의무는 정규직, 비정규직, 아르바이트 등과 같은 근로 형태로 구분하지 않는다. 단시간근로자인지, (일반)근로자인지, (일반)근로자라면 상용근로자인지 일용근로자인지로 구분하여 가입 의무가 달라진다. 4대 보험의 의무 가입은 상용근로자에게 해당된다.

얼마 전 직원 열두 명이 근무하는 음식점을 컨설팅한 적이 있다. 그런데 직원 열두 명 중 4대 보험에 가입된 직원은 네 명뿐이었다. 음식점 사장은, 직원 중 네 명은 정규직이라서 4대 보험에 가입했고 나머지 여덟 명은 아르바이트(비정규직)이기 때문에 가입하지 않은 것이라고 설명했다. 그래서 직원 네 명은 임금 지급 소득세도 갑근세로 처리하며 나머지 여덟 명에게는 임금에서 사업소득세 3.3%

를 원천징수 후 지급한다고 했다.

그런데 4대 보험 가입 여부는 정규직과 비정규직에 따라 달라지는 것이 아니다. 2대 보험인 국민연금과 건강보험의 의무가입 대상은 (일반)근로자와 단시간근로자로 구분한다. 1주 15시간 미만으로 근로하는 단시간근로자는 2대 보험 의무가입 대상자가 아니다.

상용근로자는 4대 보험에 가입해야 한다

주 15시간 이상 일하는 (일반)근로자는 다시 '일용근로자'와 '상용근로자'로 구분이 된다. 일용근로자는 한 사업장에서 1개월 미만으로 근로하는 이를 말한다. 아르바이트라고 하더라도 1개월 이상 그 사업장에서 계속 근로를 하고 있다면 상용근로자가 된다. 편의점에서 일하는 학생, 음식점에서 일하는 아주머니, 학원에서 일하는 강사 등등, 어떤 직종이든 어떤 형태의 근로계약을 했든 관계없이 1주에 15시간 이상 일하면서 1개월 이상 사업장에서 근무하고 있다면 상용근로자이다. 상용근로자는 4대 보험 의무가입 대상자다(단, 건설업 관련 종사는 3개월 이상 근무 시 상용근로자가 된다).

상용근로자의 4대 보험 의무가입이 잘 지켜지지 않는 경우가 많고 이 문제 때문에 낭패를 보는 업체를 종종 본다. 얼마 전 직원 대다수가 4대 보험을 가입하지 않아 국민건강보험공단 조사에서 적발된 업체가 있었다. 이 업체도 직원 50명 중에 정규직 근로자 20

명만 4대 보험에 가입하고 나머지 인원은 시급제 비정규직 근로계약을 맺고 4대 보험에 가입하지 않았다. 임금 지급도 총액에서 사업소득세 3.3%를 원천징수한 후 지급하고 있었다. 그러나 실제로 30명 대부분은 1년 이상 장기근무한 직원들이었다. 이 직원들 입장에서는 임금이 적어 4대 보험료까지 공제하면 실수령액이 더 적어진다는 이유로 회사의 처리에 합의한 것이었다. 그러나 국민건강보험공단은 법에 따라 지금까지 납입하지 않았던 4대 보험료와 과태료까지 수천만 원을 업체에 청구하였다.

★ 1주에 15시간 이상, 1개월 이상 일하고 있다면 상용근로자로
상용근로자는 4대 보험 의무가입 대상자다.

근로자와 합의가 되었다고 해도 법 규정을 무시해서는 안 된다. 과거에는 적발되었을 경우 상황을 감안하여 계도기간도 주고, 과태료 감액도 해주었으나 최근에는 규정대로 집행한다.

고용보험과 산재보험은 모든 근로자가 가입해야 한다

4대 보험 중 고용보험과 산재보험은 상용근로자, 일용근로자에 관계없이 모든 근로자가 가입 대상이다. 산재보험의 경우 회사가 가입하지 않았더라도 회사에서 근무한 것이 증명된 상태에서 근로자가 산재를 입게 되면 근로복지공단에서 우선 산재보험 처리를 해준다. 그리고 이후 근로자에게 지급된 총 금액의 50%를 회사를 상대로 구상권을 청구한다.

근로자가 단 한명이라도 있다면 4대 보험은 꼭 가입시키는 것이 현명한 운영이다. 또 국가에서는 소규모 사업장의 부담을 덜어주기 위해 4대 보험을 지원하는 두루누리 사회보험 같은 지원 제도를 마련해 두고 있다.

07 ▼ 무단결근한 직원을
▼ 해고했는데 '부당해고'로
▼ 고발을 당했다. 어떡하지?

핵심 답변

직원이 무단결근을 했다 하더라도 정당한 절차를 따르지 않고 해고를 하면 부당해고가 된다. 부당해고의 경우 해고 취소뿐 아니라 다른 피해도 볼 수 있다. 따라서 해고를 할 때는 법에 따른 절차대로 진행해야 한다.

많은 사업주들이 사업을 운영하다 보면 근로자가 무단으로 결근을 하거나 며칠 이상 연락두절이 되어 해고를 했는데, 다시 나와 근무를 하거나 심한 경우엔 '부당해고'라며 고발하는 경우가 있다.

사용자와 근로자가 근로계약을 체결하면 사용자는 근로계약에 규정된 내용을 이행할 의무를 가진다. 그리고 근로자는 사용자에게 근로를 제공할 의무를 가진다. 따라서 근로자가 무단결근을 하면 근로 제공 의무를 다하지 않은 것으로 이에 대해 임금을 지급하지 않을 수 있으며 정직, 해고 등의 징계를 할 수 있다. 중요한 것은 징계나 해고를 함에 있어 규정과 절차 등에 따라 조치해야 한다는 점이다.

대부분의 회사에서는 무단결근에 대해 징계 규정을 두고 있다. 그러나 징계위원회를 거치지 않고 근로자를 징계하거나 해고할 경우 '절차하자'로 부당징계 또는 부당해고가 될 수 있다.

부당해고를 방지하기 위한 절차

인천에 있는 기업에서 있었던 일이다. 한 직원이 연락 없이 7일 이상 출근을 하지 않자 회사는 직원이 스스로 사직한 것으로 생각하고 퇴사 처리를 했다. 그런데 며칠 뒤에 직원이 출근해 "과장님에게 연차휴가를 사용한다고 문자를 보냈다"며 무단결근을 부인했다. 이에 회사는 "3일 이상 무단결근 시 퇴사 조치함"이라는 취업규칙 규정에 따라 해고가 되었으며 이는 부당해고가 아니라고 주장했다.

이런 경우 어떻게 해야 할까? 취업규칙에 따라 해고를 했더라도 문제의 소지가 발생할 수 있으므로 회사는 다음과 같은 절차를 진행해야 한다. 우선 근로자에게 출근 독려에 대한 최소한의 노력을 해야 한다. 전화를 하고 문자 등을 보내고 발신 내용과 내역을 보관해야 한다. 취업규칙에 규정된 일수 이상 무단결근한 경우에는 "무단결근은 취업규칙에 따라 징계 대상 또는 해고 사유에 해당하므로 ×월 ×일까지 정상적으로 출근을 하지 않으면 해고가 될 수 있다"라는 내용을 담아 내용증명을 보내야 한다.

절차를 지키지 않고 해고를 진행하여 근로자와 소송에 휘말리는 회사가 적지 않다. 부당해고로 판결이 나면 기업은 근로자를 복직할 수 있도록 해야 한다. 또한 소송 기간을 근무한 것으로 인정하므로 해당 기간의 급여도 지급해야 한다. 따라서 직원 해고 시엔 꼭 절차를 준수해야 할 필요가 있다.

회사 마음대로 해고할 수 없도록 노동법이 많이 강화되었다. 따라서 입사 초기에 기간제나 수습제도를 사용해서 직원의 인성과 능력이 회사와 맞는지를 판단하는 것도 좋은 방법이다. 물론 입사 조건에 기간제나 수습제도가 있음을 명기해야 한다.

제26조(해고의 예고)

사용자는 근로자를 해고(경영상 이유에 의한 해고를 포함한다)하려면 적어도 30일 전에 예고를 하여야 하고, 30일 전에 예고를 하지 아니하였을 때에는 30일분 이상의 통상임금을 지급하여야 한다. 다만, 다음 각 호의 어느 하나에 해당하는 경우에는 그러하지 아니하다. 〈개정 2010. 6. 4., 2019. 1. 15.〉

1. 근로자가 계속 근로한 기간이 3개월 미만인 경우
2. 천재 사변, 그밖의 부득이한 사유로 사업을 계속하는 것이 불가능한 경우
3. 근로자가 고의로 사업에 막대한 지장을 초래하거나 재산상 손해를 끼친 경우로서 고용노동부령으로 정하는 사유에 해당하는 경우

08 ▾ DB형·DC형·IRP형, 퇴직금 지급 방법의 종류가 많다. 어떻게 준비할까?

퇴직금이란 1년 이상 근무한 직원에게 퇴직 시 지급하는 임금의 한 형태이다. 경우에 따라 목돈을 지급해야 하므로 미리 준비해 두지 않으면 회사 운영에 차질이 생길 수 있다. 따라서 매달 적립해 준비하는 것이 좋다. 중소기업은 보통 DC형을 많이 사용한다. 연 단위 퇴직금이 정산되기 때문에 직원 퇴직 시 부담이 적다.

직원이 단 한 명이라도 근무한 지 1년이 지나면 퇴직 시 퇴직금을 지급해야 한다. 퇴직금은 근로자가 퇴직하기 직전 90일의 평균 급여 중 30일 치에 근속 연수 또는 근속 개월을 곱해 산정한다. 세부적으로 보면 퇴직금을 지급하는 방법에 따라 금액이 상당한 차이가 나기 때문에 기업은 지급 기준을 잡아두어야 한다.

과거에는 회사가 자체적으로 보유하고 있던 재원에서 퇴직금을 지급하는 구조였다. 그러나 IMF 외환위기 때 기업 부도로 퇴직금을 지급하지 못하는 상황이 비일비재하게 벌어졌고 이후 퇴직금 중간정산이 유행하기 시작했다. 퇴직금을 받지 못할지도 모른다는 불안감 때문에 벌어진 일이었다. 그러나 이 퇴직금 중간정산제도도 문제가 있었다. 은퇴 후 써야 할 퇴직금을 중간에 정산받으니 노후자금 보존이 안 되는 것이었다. 그래서 국가는 특별한 사유가 없을 때는 퇴직금 중간정산을 하지 못하게 하였다. 그리고 '근로자 퇴직급여보장법'을 제정하여 퇴직연금제도를 만들었다. 법에 따라 2012년 7월 26일 이후 설립된 사업장은 무조건 퇴직연금제도를 운영해야 한다. 퇴직금 지급 재원을 금융기관에 보관해 회사가 지급하지 못할 경우에 대비하고 근로자가 중간정산으로 미리 사용해 노후 자금을 준비하지 못할 위험도 방지하기 위한 것이다.

확정급여형(DB형)과 확정기여형(DC형)

현재 퇴직연금에는 확정급여형(DB형, Defined Benefit)과 확정기여형(DC형, Defined Contribution)이 있다.

확정급여형은 근로자 입장에서는 과거에 운영했던 일시납 퇴직금과 큰 차이가 없다. 회사는 한 해 적립해야 하는 퇴직금의 기준책임 준비금(2022년 1월 1일 이후 100%)을 퇴직연금 운용기관(은행, 증권, 보험사 등)에 맡겨야 한다. 퇴직연금을 운용하는 주체는 회사가 되고 퇴직연금의 투자 성과는 모두 회사가 갖는다. 근로자는 퇴직할 때 퇴직 기준의 소득에 따라 퇴직금을 정산받는다. 근로자 입장에서는 퇴직금 일부를 금융기관에 보관하므로 안전하고 퇴직금 관리에 신경 쓸 필요 없다는 장점이 있다. 근로자 입장에서는 투자에 관심이 없거나 임금이 꼬박꼬박 잘 오른다면 확정급여형이 더 유리하다.

확정기여형은 퇴직금을 매년 중간정산하는 것과 같은 개념이다. 회사는 1년마다 근로자의 퇴직금을 산정해 근로자의 퇴직연금 통장으로 지급한다. 그러다 보니 확정기여형은 원칙적으로 1년 단위로 정산된 직원 전체의 퇴직금 100%를 금융기관에 불입해야 한다. 그렇게 1년 단위로 받은 퇴직금을 투자해서 늘리는 책임은 근로자에게 있다. 근로자가 기관을 잘 선택해서 그 퇴직금을 잘 투자해 성과를 낸다면 확정급여형으로 받는 것보다 더 나을 수 있다. 회사로서는 퇴직금 전액을 사전에 지급해야 하는 부담이 있지만 관리할 필요가 없고, 근로자 입장에서는 미리 받아 마음대로 투자할 수 있다. 따라서 근로자가 투자에 관심이 있고 임금인상률보다 훨씬 더 높은 수익을 올릴 수 있다면 확정기여형이 좋다. 임금인상이 거의 없을 때도 확정기여형을 선택하는 것이 좋다.

확정급여형(DB형)과 확정기여형(DC형)의 비교

확정급여형과 확정기여형을 예를 들어 비교해 보자. 급여상승률이 높은 회사의 경우 퇴직금에 차이가 난다. 따라서 이런 사항을 사장 입장에서 잘 판단해서 결정해야 한다. 예를 들어 확정급여형으로 퇴직금을 운영하면 매년 직원 퇴직금 전체를 다 외부에 입금하지 않아서 좋지만, 나중에 그 직원의 퇴직 직전 90일의 30일 치인 평균 임금을 기준으로 해서 지급해야 하기 때문에 임금상승률이 높은 경우엔 회사는 예상보다 훨씬 많은 퇴직금을 지급해야 한다.

근무 연차와 급여에 따른 퇴직연금 비교

월 300만 원	월 400만 원	월 500만 원
입사	1년 차	2년 차	3년 차

- 확정급여형(DB형) 선택 시 퇴직금
  최종 퇴직 시 급여 500만 원 × 근속연수 3년 = 1,500만 원

- 확정기여형(DC형) 선택 시 퇴직금
  매년 한 달 급여 (300만 원 + 400만 원 + 500만 원) = 1,200만 원

개인형 퇴직연금(IRP)

확정급여형과 확정기여형 퇴직연금 외에 최근 개인형 퇴직연금 (IRP, Individual Retirement Pension)이라는 제도가 추가가 되었다. 개인형 퇴직연금에는 개인이 직접 만드는 개인형 IRP 계좌와 상시근로자 10인 미만 사업장에 적용되는 기업형 IRP 계좌가 있다. 퇴직 시 받은 퇴직금을 근로자 개인 계좌에 적립하는 제도로 연간 1,800만 원까지 자기 부담으로 추가 납입할 수 있다. 이직이 많은 근로자인 경우 IRP 계좌 하나로 퇴직금을 관리할 수 있다. 또한 연간 900만

★ 2012년 이후 설립한 업체는 무조건 퇴직연금제도를 운영해야 하며, 계좌마다 장점이 다르니 비교해서 가입해야 한다.

원까지 세액공제 등의 혜택도 있다. 10인 미만의 소규모 업체는 기업형 IRP 계좌를 만들어서 확정기여형처럼 매년 정산된 퇴직금액을 정기적으로 납입하는 것도 직원을 위해 좋은 방법이 될 것이다.

어떤 방법이든 퇴직금을 매년 적립하여 향후 직원이 퇴직 시 목돈이 나가면서 회사가 자금 압박을 받지 않도록 미리미리 대비하는 운영의 미가 필요하다.

Chapter 2

절세부터
세무조사까지,
경영의 기본이
되는 세무

— 세무 · 회계

09 ▼ 사업자등록,
▼ 개인사업자로 할까?
▼ 법인사업자로 할까?

핵심 사항

매출이 작을 때는 개인사업자로 시작하고 매출이 높아지면 법인사업자로 전환한다. 향후 투자를 받아서 사업을 확장시킬 계획이 있다면 처음부터 주주 지분 방식의 법인사업자로 진행하는 것도 좋다. 단, 법인사업자는 원칙적으로 소유와 경영이 분리되어 있기 때문에 법인사업자로 사업을 시작한다면 법인에 대한 운영 구조를 학습한 이후에 설립하는 것이 좋다.

대한민국에서 사업을 하려면 사업자등록을 해야 한다. 사업자등록은 해당 지역 관할 세무서에서 하면 된다. 세무서 방문 전 사업의 주체를 개인사업자로 할 것인지 법인사업자로 할 것인지를 결정해야 한다. 어떤 사업자로 등록할 건지를 정하는 것은 세무상 매우 중요하다.

개인사업자는 소유와 경영이 일치되어 있다. 즉 사업주가 운영

주체인 동시에 소유의 주체다. 사업체가 곧 사업주 개인이라고 이해하면 편할 것이다. 개인사업자는 개인이 사업체의 주인이면서 경영도 직접 한다. 운영도 사업자 마음대로 할 수 있지만 문제가 생겼을 때 책임도 100% 개인이 져야 한다.

법인사업자는 사업을 하고자 하는 사람 또는 사람들이 법인(法人)이라는 법적 인격을 가진 존재를 국가에 신고해서 만들어낸 것이라고 볼 수 있다. 법인에 사업을 진행할 자금을 투자하는 사람들을 주주라고 한다. 주주는 법인에 출자한 지분의 비율에 비례하여 이익을 배분받고, 손실도 출자한 금액 내에서 책임진다(법인의 경우 지분율이 50%를 초과하는 소위 과점주주의 경우 세금 체납 등의 경우에서는 무한 책임을 부담하기도 한다). 그리고 이런 회사를 운영하는 사람을 임원이라고 부른다. 법인사업자는 이렇게 소유자(주주)와 운영자(임원)가 분리된 구조를 가지고 있다. 그러다 보니 처음 설립이 다소 복잡하다. 따라서 초기 사업을 시작하는 경우에는 개인사업자로 시작한 후, 사업의 규모가 커지면 법인으로 전환하는 경우가 대부분이다. 그러나 때에 따라 초기 자본금이 많이 필요하거나 사업을 확장하기 위해 여러 사람의 투자를 받아야 하는 사업이라면 처음부터 법인을 설립한다. 최근에는 법인 설립 절차가 간소화되고 개인사업자의 소득세 누진세율이 상승하여 처음부터 법인 설립을 하는 경우도 점점 많아지고 있다.

법인 설립 시 설립 비용, 부가세 신고, 복식부기장부 사용의무,

지분구조 형태, 비상장주식 가치평가, 배당, 주주총회 등 법인을 운영한다는 것은 쉬운 일이 아니다. 그러므로 반드시 법인으로 운영해야 하는 업종이 아니라면, 매출이 적고 초기 투자비용이 많이 필요하지 않을 때는 개인사업자로 사업을 시작하는 것이 바람직하다.

◎ 개인사업자와 법인사업자의 차이

구분	개인사업자	법인사업자
개념	기업 활동에 관한 모든 권리와 의무가 개인에게 귀속되는 형태의 기업	기본적으로 소유와 운영이 분리되며, 독립된 법인격을 만들어서 그 법인에게 사업을 진행하게 하는 형태의 기업
설립	단순 (사업자등록으로 끝남)	복잡 (법인 설립 후 사업자등록)
장단점	장점 · 의사결정이 신속하다. · 기업주 활동이 자유롭다. · 이익환원이 쉽다. 단점 · 외부 지원자금이 제한적이다. · 신용도가 취약하다. · 일정 규모 이상 시 세 부담 과중하다. · 단독 무한책임 형태이다.	장점 · 외부자금 유입이 원활하다. · 일정 규모 이상 시 세 부담이 낮아진다. · 유한책임 구조이다. 단점 · 의사결정 과정이 복잡하다. · 법 위반 시 제재·규제가 훨씬 크다. · 기업주 의사결정에 제약이 있을 수 있다. · 이익환원 과정이 복잡하다.
청산	단순 (VAT 폐업신고)	복잡 (청산 및 해산 절차 / VAT 폐업 신고)
소유주체	개인사업주 본인	주주
경영주체	개인사업주 본인	대표이사 등 임원

10 ▼ 부가가치세,
▼ 이거 때문에 사업주의 빚이
▼ 늘어난다. 이유는?

핵심 답변

부가가치세는 최종소비자가 국가에 지급하는 간접세를 미리 받아두는 것이다. 매출 이익이 아니므로 사용해서는 안 된다. 그런데 미리 사용해서 향후 부가세 납부 때 그 금액이 빚이 되는 경우가 많다. 따라서 매출액의 10%는 따로 관리하는 습관을 가지는 것이 좋다.

일반과세사업자 사장들을 만나보면 1년에 한두 번(중간예납포함) 납부하는 종합소득세나 법인세보다도 2회~4회 납부(중간예납포함)하는 부가가치세 때문에 더 스트레스를 받는다고 한다. 종합소득세는 필요경비를 처리하고 나면 비교적 간단한 경우가 많은데, 부가세는 생각보다 부담이 많이 된다고 이야기한다. 특히 인적 서비스업의 경우에는 부가세 매입공제를 받을 것이 거의 없고 3개월 또는

6개월간 총매출의 10%에 육박하는 금액을 부가가치세로 낼 목돈을 준비해야 하니 세금 때문에 빚이 생기기도 한다.

부가가치세란 무엇인가?

부가가치세란 유통 과정에서 생긴 부가가치에 대하여 최종소비자가 부담하는 간접세 일종이다. 대한민국의 부가가치세율은 10%이다. 5만 원짜리 신발을 판매·구매했을 때를 예를 들어보자. 영수증에는 판매금액 45,455원, 부가세 4,545원, 합계금액 50,000원이라고 적혀 있다. 5만 원짜리 신발을 판 것이지만 세금을 제외한 실제 신발의 가격은 45,455원이다. 45,455원의 10%인 4,545원은 부가세다. 즉 구매자가 국가에 지불해야 할 부가세를 판매자가 미리 받아둔 것뿐이다. 그러나 일반적으로 고객은 5만 원짜리 신발을 구매했다고 생각하고, 판매자 역시 매출이 5만 원 발생했다고 생각하기 쉽다. 그러나 그중 약 90%만 회사의 매출이고, 나머지 10%는 세금이라고 잘 인식하지 못한다.

그러다 보니 매출액만 생각하고 부가가치세 금액까지 쓰는 경우가 많다. 그리고 매달 정산 시에도 총 매출금액을 수입으로 인지해서 한 달 단위로 손익계산을 한다. 그러다가 3개월이나 6개월 뒤에 부가가치세 납부달에 급하게 목돈이 필요해 발을 동동거리게 된다. 가장 나쁜 상황은 급하게 목돈을 구하다 컨디션이 좋지 않은 돈을 빌리게 되는 경우이다. 이런 일들이 쌓여 회사가 부도 위기에 빠지기도 한다.

매출의 10%는 무조건 따로 관리한다

부가가치세를 납부하는 일반과세자인 경우에는 매출의 10%는 무조건 다른 통장에 따로 관리하는 것이 바람직하다.

모든 업종이 판매금액에 포함된 부가가치세 전액을 업체가 부담하지 않는다. 부가가치세 납부 의무가 있는 과세사업자와 부가가치세를 면제받는 면세사업자로 구분된다. 과세사업자는 소규모 매출

★ 부가가치세를 납부하는 일반과세자는
매출의 10%를 따로 관리는 습관을 가지는 것이 좋다.

의 간이과세자(연간 매출신고 8,000만 원 미만)와 일반과세자로 나뉜다. 개인사업자 중 간이과세자는 1년에 한번(1월 25일), 일반과세자는 1년에 두 번(1월 25일, 7월 25일)에 신고·납부를 한다. 법인사업자는 1년에 네 번(분기마다) 부가가치세 신고·납부를 한다. 면세사업자는 한 번(2월 10일) 면세사업자신고를 한다.

부가가치세 매입세액공제

사업자도 비품이나 장비처럼 사업에 필요한 물건을 살 때 미리 부가세를 낸다. 미리 낸 부가세를 공제받을 수 있는데 이를 부가가치세 매입세액공제라고 한다. 공제를 받기 위해선 영수증 등의 적격증빙을 꼭 챙겨야 한다.

처음 사업을 하거나 세무적인 부분을 잘 모르는 사업자는 비용에 대한 적격 영수증 또는 세금계산서 수취에 신경 쓰지 않는 경우가 많다. 적격 증빙서류 등을 잘 챙기지 않으면 부가가치세 매입세액공제만 받지 못하는 게 아니라 향후 필요경비 비용 처리도 할 수 없다. 증빙이 없는 금액은 소득으로 여겨져 소득세를 내야 하며 부가가치세도 환급을 받지 못하게 되어 이중으로 세금을 부담하는 꼴이 된다.

이를 방지하기 위해서는 영수증을 잘 챙겨야 하며, 세금계산서도 꼭 끊어야 한다. 또한 신용카드도 사업자등록이 된 카드를 사용해야 한다.

부가세 관리에 대해 설명하면 "당연한 것 아닌가요? 그런 것도 모르고 사업하는 사람이 어디 있어요?"라고 반문할 수도 있다. 그러나 의외로 현장에서 만난 많은 사장들이 이에 대해 잘 모른다. 사업을 하는 데 있어서 기본적인 것이지만 익숙하지 않은 사장들이 적지 않다. 부가가치세 매입세액공제에 대해 듣고 난 후에야 "아, 이제부터는 영수증 잘 챙겨와야겠네요. 세금계산서도 꼭 끊어야겠고요"라고 한다.

11 ▼ 간이과세자로 시작해
▼ 일반과세자로 변경하라는
이유는?

핵심 답변

간이과세자로 등록한 사업자의 경우 등록 연도에는 납부해야 할 부가가치세가 현저히 적거나 납부할 세액이 없는 경우도 있다. 따라서 사업 초기 매출 규모가 적은 경우에는 간이과세자로 신고하여 사업을 하다 향후 매출이 높아지면 일반과세자로 변경하는 것이 유리하다.

세법상으로 사업자는 면세사업자와 과세사업자로 나눈다. 이를 구분하는 기준은 부가가치세의 부과 여부이다. 대한민국은 모든 상품 거래에서 원칙적으로 최종소비자가 10%의 부가가치세를 부담한다. 그러나 부가가치세를 내지 않는 경우가 있다. 첫째 영세율사업자다. 수출이나 해외 용역처럼 국가 발전을 위해 권장해야 할 사업이나 장애인처럼 보호해야 할 사업자에 대해서는 부가가치세 신고·부과를 면제한다. 둘째 면세사업자다. 학원, 병원, 농산물, 교육, 도서, 출산 등 복리후생이나 문화생활과 관련된 업종에 대해서도 부가가치세를 면제한다.

마지막 세 번째로 부가가치세를 안 내는 것은 아니지만 적게 내는 경우가 있는데 그것이 바로 간이과세자이다. 간이과세자는 연간 매출액이 8,000만 원 미만인 소규모 개인사업자를 말한다. 국가는 이들 간이과세자가 사업을 운영하는 데 조세 부담을 줄여주고 있다. 간이과세자는 물건을 팔아도 부가가치세율 10%를 다 적용받지 않는다. 업종별 부가치율(5%~30%)을 적용해 훨씬 적은 부가가치세를 납부하게 된다.

일반과세와 간이과세의 비교

연간 매출이 8,000만 원 미만이라면 부가가치세가 그다지 큰 영향이 없을 것 같지만 간단히 계산해 보면 작은 금액은 아니라는 것을 알 수 있다.

일반과세와 간이과세의 단순 비교

① 일반과세의 경우

매출세액 : 매출액(4,000만 원, 부가세 별도) × 10% = 400만 원

매입세액 : 매입액(2,000만 원, 부가세 별도) × 10% = 200만 원

부가가치세 : 매출세액(400만 원) − 매입세액(200만 원) = 200만 원

② 간이과세의 경우

매출세액 : 매출액(4,400만 원) × 10% × 10%(업종별 부가가치
율) = 44만 원

매입세액 : 매입액(2,000만 원) × 10% × 10%(업종별 부가가치
율) = 20만 원

부가가치세 : 매출세액(44만 원) − 매입세액(20만 원) = 24만 원
(단, 부가가치세 매입세액률 50% 가정, 업종별 부가가치율 − 음식
점 10%)

이와 같이 간단한 계산만으로도 간이과세자와 일반과세자의 부
가가치세 부담률이 거의 8배~9배 가까운 차이를 보인다. 또한 간
이과세자 매출한도 8,000만 원이 부가가치세 최대 절세금액이라고
생각해선 안 된다. 이보다 더 많은 차이가 날 수 있다. 예를 들어보
자. 2021년 1월에 개업한 C음식점은 매출이 어느 정도 나올지 몰
라서 우선 간이사업자로 등록했다. 그런데 장사가 잘 되어서 2021년
1년간 총 매출이 2억이 되었다. 이 경우를 계산해 비교하면 다음과
같다.

C음식점의 일반과세와 간이과세의 비교

① 일반과세의 경우

매출세액 : 매출액(2억 원, 부가세 별도) × 10% = 2,000만 원

매입세액 : 매입액(1억 원, 부가세 별도) × 10% = 1,000만 원

부가가치세 : 2,000만 원 – 1,000만 원 = 1,000만 원

② 간이과세의 경우

매출세액 : 매출액(2억2천만 원) × 10% × 10%(업종별 부가가치율) = 220만 원

매입세액 : 매입액(1억 원) × 10% × 10%(업종별 부가가치율) = 100만 원

부가가치세 : 매출세액 (220만 원) – 매입세액(100만 원) = 120만 원

(단, 부가가치세 매입세액률 50% 가정, 업종별 부가가치율 – 음식점 10%)

일반과세자와 간이과세자에 부가가치세 부담액이 약 880만 원의 차이가 난다. 이는 간이사업자의 판단 기준이 연 단위이기 때문이다. 간이사업자의 유지 조건은 직전 연도 1년간을 기준으로 한다. 2021년 1년간은 간이사업자 매출액이 8,000만 원이 넘었다 하더라도 일반과세자로 변경되는 시점은 2022년 7월 1일부터다. 그 이전까지는 간이과세자로 계속 혜택을 볼 수 있다.

이렇듯 초기 사업자에게는 간이사업자가 세제적으로 유리하나 업종 등에 제약이 있다. 따라서 업종과 해당 지역에서 간이사업자

신청이 가능한지를 먼저 확인해야 한다. 또한 초기 인테리어 비용이 높아 공사대금의 부가세 환급액이 크다면 그때는 일반과세자로 신청하는 것을 고려해 보아야 한다. 그러나 일반적으로 초기 사업자 입장에서는 간이과세자로 시작하는 것이 유리하다.

12 ▼ 매출 상승 비율보다 ▼ 종합소득세가 훨씬 늘어나 실소득이 줄었다. 이유는?

핵심 답변

종합소득세는 개인이 1년간 번 돈을 모두 합산하여 세율 구간에 따라 많이 번 사람이 더 많이 내도록 하는 누진 구조이다. 즉, 소득이 늘어난 비율보다 세금이 올라가는 비율이 훨씬 더 크다. 따라서 적정한 비용 처리 및 소득 분산 등을 통해 개인의 누진세율이 높아지지 않도록 해야 한다. 그렇지 않으면 돈은 많이 벌었지만 실제 소득액은 더 적어질 수 있다.

경영 상담을 하다 보면 영업적인 문제 다음으로 제일 많이 고민하는 것이 세금이다. 안산에서 유통업을 하는 D사장은 매출이 늘었는데 세금이 훨씬 더 많이 나와서 오히려 수입이 줄었다고 걱정을 했다. 몇 가지 사항들을 점검해 보니 장부 관리를 세무사 사무실에만 의존해 영수증 관리나 세액공제 활용 등에 전혀 신경 쓰지 않고 있었다. 그러다 보니 900만 원 정도 나왔던 세금이 어느 순간

7,000만 원이 넘게 나오게 된 것이었다.

D사장의 종합소득세가 거의 8배 가까이 늘어난 것은 세금 구조 때문이다. 사업을 통해 번 수입에 대해 세금을 낼 때 법인사업자는 법인세를, 개인사업자는 종합소득세를 낸다. 특히 종합소득세는 개인별로 1년 동안의 수입액 전부를 합산하여 종합소득세율의 적용을 받는다.

개인의 소득이 생기는 구조는 다양하다. 사업을 해서 돈을 벌면 '사업소득'이고, 은행 예금으로 이자를 받으면 '이자소득'이다. 강연비 또는 권리금 같은 수입은 '기타소득'이다. 만약 개인사업자가 한 해 동안 사업소득도 얻고, 기타소득도 얻었다면 이 모든 소득을 합산하여 세금이 부과된다. 이렇게 소득이 합산되었기 때문에 세금이 올라갔다면 올라간 소득금액에 비례해서 세금도 올라가야 하는데 실제는 그렇지 않다. 소득이 올라간 비율에 비해 세금이 상승한 비율이 훨씬 컸다. 왜 그런 것일까?

종합소득세의 누진세율 구조

안산 D사장의 전전년도 사업 매출은 5억이었다. 그리고 사업에 사용한 총 필요경비는 4억4천만 원이었다. 그리고 전전년도에는 다른 소득은 없었다. 이런 경우 세금을 간단히 계산하면 다음과 같다.

- 5억 원(사업 매출) - 4억4천만 원(총 필요경비) = 수익 6천만 원
- 과세표준 6천만 원 × 24% - 522만 원 = 918만 원 (지방세 10% 별도, 소득공제 및 세액공제가 없다고 가정)

그런데 D사장의 전년도 매출액은 조금 상승하여 6억 원이 되었고, 전년도 초에 구매한 부동산으로 1억 원의 임대소득을 얻었다. D사장은 수익이 늘어난 것을 알았지만 필요경비에 대해서는 신경을 쓰지 않았다. 그런데 올해 종합소득세 부과액을 보니 D사장의 종합소득세가 엄청나게 늘어난 것이다. 수익은 4배 상승했는데 세금은 8배 상승되었다. 이유는 종합소득세가 전체 소득 합산누진세율 구조이기 때문이다.

- 7억 원(사업 매출 6억+임대소득 1억) - 4억5천만 원(총 필요경비) = 수익 2억5천만 원
- 과세표준 2억5천만 원 × 38% - 1,940만 원 = 7,560만 원 (지방세 10% 별도, 소득공제 및 세액공제가 없다고 가정)

◎ 2023년도 종합소득세 세율구간 및 지방소득세 과세 표준

소득금액	적용세율	소득세	지방소득세
10,000,000원	6%	600,000원	60,000원
20,000,000원	15%	1,920,000원	192,000원
50,000,000원	24%	6,780,000원	678,000원
100,000,000원	35%	20,100,000원	2,010,000원
150,000,000원	35%	37,600,000원	3,760,000원
200,000,000원	38%	56,600,000원	5,660,000원
300,000,000원	38%	94,600,000원	9,460,000원
400,000,000원	40%	134,600,000원	13,460,000원
500,000,000원	40%	174,600,000원	17,460,000원
600,000,000원	42%	216,600,000원	21,660,000원
10,000,000,000원	45%	384,600,000원	38,460,000원

연간 소득금액 상승은 종합소득세 관리에도 문제가 되지만, 개인 건강보험료 상승으로 이어져 부담을 더욱 커지게 한다.

세금을 줄이는 방법

D사장의 세금이 급격하게 상승한 또 다른 이유에는 나쁜 운영습관도 한 몫을 했다. D사장은 업무 관련 지출을 하면서 영수증을 잘 챙기지 않았다. 간단한 인건비는 현금으로 현장에서 지급했고 카드 사용도 잘하지 않았다. 매입세금계산서도 잘 챙기지 않았다. 그러다 보니 비용을 쓰고도 증빙할 자료가 없어 인정받지 못하는 경비

가 많았다.

그렇게 증빙자료가 없어 경비 처리가 안 된 금액은 D사장의 수입으로 인식된다. 비용에 대해 증빙을 많이 할 수 있으면 그만큼 신고 소득이 작아지고 납부할 세금도 줄어든다.

따라서 세금을 줄이기 위해서는 비용 증빙을 받을 수 있는 적격 증빙자료를 꼭 챙겨야 한다. 적격 증빙자료에는 세금계산서, 계산서, 신용카드 매출전표, 현금영수증 등이 대표적이다. 또 비용에 대해 영수증을 받기 어려울 때는 증명할 수 있는 자료를 대신 챙겨서 세무사 사무실에 전달하거나 보관해야 한다.

★ 개인 수익 분산과 꼼꼼한 비용 처리로
종합소득세의 누진세율을 낮춰야 한다.

사업을 처음 시작하면 들어오는 수입에만 신경을 쓴다. 인건비나 물품구입비 등을 지불하고도 그 지급된 비용에 대해서 비용 처리를 하지 않는 경우도 다반사이다. 그러나 무심코 챙기지 않은 증빙들이 큰 세금으로 되돌아온다는 점을 명심해야 한다.

◎ 적격 증빙자료 대응 수령 서류

항목	적격 증빙자료를 대신할 대응 준비 서류
임차료 입금 후 세금계산서 미수취 시	임대차계약서와 입금증 구비
급여 지급 후 원천징수영수증 미작성 시	근로계약서, 입금증 구비
사업에 소요된 개인 대출금 이자 지급 시	금융기관 발급 이자내역서 또는 입금증 구비
사업 인수 시 지급한 권리금	인수약정서 구비 후 5년간 감가상각
사업 초기 인테리어 집기 비품 비용 지출 후 세금계산서 미수취 시	견적서 및 입금증 구비 후 감가상각

대부분의 사장들이 돈을 버는 것에만 신경 쓰고 영수증 챙기는 것은 하찮게 생각하는 경향이 많다. 아르바이트생을 고용해서 인건비를 지불하고도 비용 처리를 하지 않는 경우도 다반사다. 대부분 그렇게 무심코 사용하고 증빙되지 않는 비용이 큰 세금으로 돌아온다는 것을 잘 인지하지 못한다.

종합소득세에 포함되는 세금의 종류

1. 이자소득 / 배당소득 : 금융 이자 및 주식회사의 주식으로 받는 이익으로 연간 2천만 원 초과 시 합산됨(단, 2천만 원 미만 시에는 15.4%^{지방세 포함} 로 분리과세되어 세금 종결됨)

2. 사업소득 : 각종 사업(제조업, 도매업, 서비스업 등) 소득을 통해 발생하는 소득

3. 근로소득 : 회사에 고용되어 근로를 제공하고 받는 소득

4. 연금소득 : 국민연금, 세제적격연금 등에 가입하여 받는 연금소득 및 퇴직연금

5. 기타소득 : 강의료, 복권당첨 소득, 위약금, 산업재산권 및 점포임차권 등 기타소득으로 분리된 모든 소득

13 ▼ 개인사업자인데 세금이 엄청나게 부과되었다. 소득세를 줄이려면 어떻게 해야 할까?

핵심 답변

종합소득세의 누진세율을 낮추기 위해 공동사업자 운영, 지출 증빙자료 수취 및 그에 준하는 자료를 챙기는 습관을 길러야 한다. 그 외에도 조세지원제도 및 금융상품을 활용한 세액공제 등도 신경 써야 한다. 나아가 일정 금액 이상 매출이 발생되면 법인 전환도 고려해 볼 필요가 있다.

대한민국의 개인사업자의 소득세는 누진세 구조로 1년간 총 수입금액을 합산하여 세금을 부과한다. 수입액이 커지면 최대 45%(지방세 제외)까지 소득세를 부과한다. 따라서 이 누진세율을 낮추는 것이 절세의 가장 기본 원칙이 된다.

누진세율을 낮추는 방법 1 | 공동사업자 운영

누진세율을 낮추는 첫 번째 방법은 공동사업자 운영이다. 공동사업자 운영은 개인사업자로서 많이 사용하는 절세 방법 중 하나다. 소득이 한 사람에게 집중되지 않도록 분산하여 세율을 낮출 수 있기 때문이다. 동업자나 배우자를 공동사업자로 선정해 절세를 계획할 수 있다.

예를 들어 2억 원의 소득을 1억 원씩 공동사업자에게 나누면 세금 1,640만 원을 절약할 수 있다. 단, 배우자나 가족 등의 특수관계인을 공동사업자로 등록하기 위해선 실제 사업을 함께 운영하여야 한다. 명의만 등록하면 세무상 부인대상이 될 수 있으니 주의해야 한다.

◎ 공동사업자 운영을 통한 소득세 절세

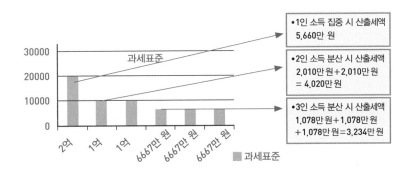

누진세율을 낮추는 방법 2 | 금융상품 활용

누진세율을 낮추는 두 번째 방법은 소득공제나 세액공제가 가능한 금융상품을 활용하는 것이다. 대표적인 소득공제 상품으로는 '소기업 소상공인공제부금(일명, 노란우산공제)'이 있다. 이 상품은 상시 근로자 50명 미만의 사업장 대부분의 업종에서 가입이 가능하다. 일반적으로 연간 300만 원까지 소득공제가 가능하기 때문에 가입자의 소득세율에 따라 최대 139만 원까지 세금환급 효과를 볼 수 있다.

노란우산공제 소득공제 범위

① 해당 과세연도의 사업소득금액이 4천만 원 이하인 경우 : 500만 원(개인, 법인대표)
② 해당 과세연도의 사업소득금액이 4천만 원 초과 1억 원 이하인 경우 : 300만 원 (개인)
③ 해당 과세연도의 사업소득이 4천만 원 초과 5,675만 원 이하인 경우 : 300만 원 (법인대표)
④ 해당 과세연도의 사업소득금액이 1억 원 초과인 경우 : 200만 원(개인)

또 다른 세액공제가 가능한 금융상품으로는 '연금저축보험/펀드'가 있다. 공제대상 한도는 연간 400만 원(단, 총급여 1.2억 원 또는 종합소득금액 1억 원 초과자 300만 원 한도)이며 세액공제율은 최대 15%(단,

총급여 5,500만 원 또는 종합소득금액 4천만 원 초과자는 12%)까지 세금공제를 해주고 있다. 즉, 연금저축과 같은 금융상품을 통해 매년 최대 66만 원(지방소득세 포함)까지 세금공제를 받을 수 있는 것이다.

누진세율을 낮추는 방법 3 | 직원 퇴직연금

세 번째 방법은 직원 퇴직연금을 통한 절세 효과가 있다. 금융기관에 직원 퇴직금을 적립하면 그 금액의 100%를 비용으로 처리해준다. 따라서 초기 사업에서 수익이 많은 회사라면 퇴직연금제도를 통해 퇴직금을 정산하는 것도 좋은 절세 방법 중에 하나가 될 것이다.

누진세율을 낮추는 방법 4 | 기타

① 사전 증여를 통한 자산 분산(부동산 자산이 많을 경우)

② 대출을 활용한 절세 전략(초기 사업자금이 많은 경우)

③ 일정 매출 이상 시 법인 전환을 통한 절세 효과를 기대할 수 있다.

14 ▼ 기업부설연구소 &
▼ 연구전담부서로
▼ 세금을 줄일 수 있을까?

핵심 답변

기업부설연구소 & 연구전담부서를 운영하면 중소기업의 경우 연구전담요원에게 지급한 총 급여의 25%까지 세액공제를 받을 수 있다. 연구소 설립 조건만 맞고, 설립 후 문제없이 잘 운영한다면 중소기업에게 가장 효과적인 절세 방법 중에 하나이다.

임원진과 경영컨설팅 상담을 하다 보면 기업부설연구소 설립에 대한 문의나 관련 사항에 대한 질의를 많이 받는다. 기업부설연구소 & 연구전담부서는 설립해서 얻는 혜택이 적지 않으므로 무조건 설립해야 한다는 이도 있다. 반면 설립했다가 오히려 피해를 봤다는 사장들도 있다.

기업부설연구소의 설립 인정 권한을 가지고 있는 한국산업기술

진흥협회(koita.or.kr)의 기업부설연구소 · 전담부서 신고관리시스템(rnd.or.kr)에서는 제도의 목적을 "연구소 · 전담부서 설립신고 제도는 일정 요건을 갖춘 기업의 연구개발 전담조직을 신고, 인정함으로써 기업 내 독립된 연구조직을 육성하고 인정받은 연구소 · 전담부서에 대해서는 연구개발 활동에 따른 지원혜택을 부여하여 기업의 연구개발을 촉진하는 제도"라고 설명한다. 간단하게 말하면, 기업에서 연구소 · 전담부서를 만들면 국가에서 지원을 하겠다는 것이다.

연구 주제에 한정이 있는 것은 아닐까? 현장에서 기업부설연구소 & 연구전담부서를 설립해본 경험으로 볼 때 어떤 주제든 연구가 가능하다. 연구 주제보다는 연구소 · 전담부서의 설립 조건에 적합하지 않아 만들지 못하는 경우가 대부분이다.

기업부설연구소 & 연구전담부서의 설립 조건

설립 조건에는 인적 조건과 물적 조건이 있다. 물적 조건은 갖추기 어렵지 않아 연구전담요원의 인적 조건만 맞으면 설립을 진행해볼 수 있다.

연구전담요원 자격요건

① 자연계(자연과학 · 공학 · 의학계열) 분야 학사 이상자로서, 연구개

발 활동 분야 전공자 또는 해당 연구개발 경력 1년 이상 보유자

② 연구개발 활동과 관련된 국가기술자격법에 의한 기술·기능 분야 기사 이상인 자

③ 연구개발 활동과 관련된 자연계 분야 전문학사로 해당 연구 분야 2년 이상 경력자

④ 연구개발 활동과 관련된 국가기술자격법에 의한 기술·기능 분야 산업기사로 해당 연구 분야 2년 이상 경력자

⑤ 마이스터고등학교 또는 특성화고등학교 졸업자로 해당 연구 분야 4년 이상 경력자

정리하면 연구전담요원은 자연계열 4년제 대학 졸업자이거나, 2년제 전문대 졸업 후 해당 연구 분야 2년 경력자여야 한다. 고졸이라면 특성화고등학교를 나오고 4년 이상 해당 분야 경력이 있으면 된다. 만약 학위가 없는 경우엔 해당 분야에 기사자격증 또는 기사 2급인 동시에 해당 분야 2년 이상 경력이 있으면 가능하다.

기업부설연구소의 경우 최소 연구전담요원수가 정해져 있으나 사업 초기 기업 대부분이 소기업이므로 연구전담요원이 한 명이라면 연구전담부서 설립도 가능하다. 이에 적합한 인원이 있다면 기업은 기업부설연구소 & 연구전담부서 설립을 시도해 보는 것이 좋다.

★ 중소기업이 기업부설연구소 & 연구전담부서를 운영하면
세액공제 등의 지원을 받을 수 있다.

기업부설연구소 & 연구전담부서 설립의 장점

그럼 왜 이렇게 인적 요건까지 맞춰서 기업부설연구소를 설립하려고 하는 것일까? 가장 큰 장점은 세액공제다. 즉 세금 감면이다. 예를 들어 연구전담부서를 설립하고 연봉 4천만 원인 근로자가 연구전담요원으로 일한다면 연봉 4천만 원의 25%, 1천만 원을 세액공제받을 수 있다. 법인세 기준을 본다면 매년 당기순이익이 1억 원인 기업은 단순 계산으로 법인세 10%를 내야 하기 때문에 약 1천만 원의 세금을 내게 된다. 그런데 연구전담요원이 연구전담부서에서 근무를 하게 된다면 매년 한 푼의 법인세도 내지 않아도 되는 것이다.

• 총액 발생 기준 세액공제 :
당해 연도 발생액 × 25%(단, 중소기업인 경우에 한함)

이는 국가 지원 세액공제 중 가장 강력한 혜택이라 할 수 있다. 이것이 많은 기업들이 기업부설연구소를 설립하려는 이유다. 그러나 기업부설연구소나 연구전담부서의 설립도 중요하지만 관리도 매우 중요하다. 세액공제만을 목적으로 기업부설연구소를 설립해서 실제 운영을 하지 않다가 관련 기관에 발각되어 더 큰 손해를 보는 경우도 종종 있기 때문이다.

연구 주제의 범위

최근에는 자연계열 제조업 중심의 기업부설연구소뿐만 아니라 산업디자인 분야와 지식서비스 분야, 정보서비스 분야 등에서도 연구소 설립이 활발하게 이루어지고 있다. 연구전담요원의 조건이 제조업(과학기술 분야)과 동일한 학위 조건에 관련 분야에 근무만 하고 있다면 전공과 관계없이 조건에 부합하기 때문에 이 분야의 연구소 설립이 더욱 활발히 이루어지고 있다.

따라서 적합한 인원이 있다면 연구전담부서 또는 기업부설연구소를 설립하여 기업의 경쟁력 향상을 위한 연구개발은 물론이고 절세 계획까지 세우는 것을 권해 본다.

15

회사 부담 4대 보험료는 근로자 월 급여에서 어느 정도를 차지할까? 절세 방법은?

핵심 답변

4대 보험료의 회사 부담은 직원 급여의 약 10~13% 정도가 된다. 이때 월 급여에서 복리후생적 임금 항목(식대, 차량유지비, 가족수당 등)은 비과세 항목으로 분류되어 4대 보험료 책정 기준에서 제외된다. 따라서 비과세 임금 항목을 잘 활용하면 4대 보험료에 대한 절세 방안을 찾을 수 있다.

기업이 직원을 고용했을 때 발생하는 인건비는 매달 지급하는 급여와 사회보험(4대 보험 : 국민연금, 건강보험, 고용보험, 산재보험) 그리고 1년 이상 근무 시 발생하는 퇴직금, 이 세 가지로 나눌 수 있다. 4대 보험은 의무적으로 가입해야 해서 마치 세금처럼 피할 수 없는 조세 성격의 사회보험제도다.

회사가 부담하는 4대 보험 부담률은 얼마나 될까?

4대 보험료의 보험요율은 국민연금, 건강보험, 고용보험, 산재보험이 각각 다르다. 국민연금과 건강보험 같은 경우 전체 급여의 9%, 7.09%다. 이 금액을 사업자와 근로자가 50%씩 부담하게 된다.

여기에 산재보험, 고용보험까지 합치면 4대 보험료의 회사 부담률은 직원 월급의 10%가 넘어간다. 적지 않은 금액이다.

◎ 4대 보험 각 항목별 보험요율(2023년 기준)

구분	전체	사업주	근로자
합계	19.94%~22.74%	10.5%~13.3%	9.44%
국민연금	9%	4.5%	4.5%
건강보험	7.09%	3.545%	3.545%
장기요양보험	0.9%	0.45%	0.45%
고용보험(150명 미만 기업)	2.05%	1.15%	0.9%
산재보험 (최저요율 건설업까지)	0.9~3.7%	0.9~3.7%	0

4대 보험 절세 방안에는 어떤 것이 있을까?

직원 월급이 200만 원인 경우 임금항목 구성을 기본금 200만 원으로 했을 때보다 기본금 180만 원 + 20만 원(소득세 비과세 항목)으로 구성했을 때 회사는 1인당 매달 약 2만 원 정도의 4대 보험료를 절약할 수 있다. 직원이 10명이라면 기업이 연간 절약할 수 있는 비용은 대략 240만 원이다(10인 × 2만 원 × 12개월 = 240만 원). 물론 모든 회사가 전 직원에게 20만 원 정도의 비과세 항목을 적용시킬 수 없다 하더라도 최소한의 비용 절감 효과는 있다. 또 회사 상황에 따라 훨씬 더 많은 비과세 항목이 적용되는 경우 상당히 큰 금액의 절세 효과를 볼 수 있다.

임금 구성 시 활용할 수 있는 비과세 항목

비과세 항목에는 대표적으로 어떤 것들이 있을까?

1. 식비

근로자에게 사내 급식이나 외부 업체를 통해 제공하는 식비는 비과세다. 회사가 직접적으로 식사를 제공하지 않아도 식비를 지급할 경우 월 20만 원까지 비과세된다.

2. 자가운전보조금

임직원에게 지원하는 자가운전보조금 중 다음 요건을 모두 만족하는 월 20만 원 이내의 금액은 실비변상적 성질의 급여로 비과세된다.

① 종업원 소유 차량일 것

② 종업원이 시내출장 등 사용자의 업무에 해당 차량을 사용할 것

③ 사규 등 지급 기준에 따라 지급받은 것일 것

④ 실제 발생한 경비 등을 이중으로 정산받지 않을 것

3. 자녀양육비(보육비)

출산이나 6세 이하(해당 과세기간 개시일을 기준으로 판단한다) 자녀 보육과 관련하여 임직원이나 그 배우자에게 지급하는 급여로 근로자 1인당 월 10만 원 이내의 금액은 비과세 근로소득에 해당된다.

4. 생산직근로자의 시간외 근로수당

생산 및 그 관련직에 종사하는 직원(직전년도 총 급여가 3,000만 원 이하로 월정액 급여가 210만 원 이하)이 연장근로 · 야간근로 · 휴일근로로 인해 주는 급여로 연간 240만 원 이내의 금액은 비과세된다(월정액급여 = 근로소득(비과세포함) − 상여 등 부정기적 급여 − 실비변상적 성질의 급여 − 시간외(초과) 근로수당).

5. 연구보조비 또는 연구활동비

중소기업 또는 벤처기업의 기업부설연구소 또는 연구개발전담부서에서 연구 활동에 직접 종사하는 자는 연구 활동비 명목으로 월 20만 원까지 비과세 근로소득에 해당된다.

6. 일직료 · 숙직료

일직료, 숙직료가 다음 요건에 모두 만족하면 실비변상적 급여로 비과세된다.

① 당해 사업체의 규칙 등에 의하여 정해진 기준에 따라

② 사회통념상 타당하다고 인정되는 금액 범위 내에서 지급될 것

경영 자문을 하면서 기업들의 임금대장을 살펴보면 위에 해당 사항이 있음에도 전혀 활용하지 않는 경우가 많다. 사장이라면 회사의 임금대장을 한 번씩 확인하고 점검해야 한다. 임금대장을 잘 구성하면 회사도 직원도 모두 절세할 수 있다.

16 ▼ 옆 사업장 사장이 세무조사
    ▼ 받고 세금추징 당했다는데
      무엇을 주의해야 할까?

핵심 답변

국세청의 기본 방침은 소규모 사업장의 원활한 영업 활동을 지원하고 행정력 낭비를 막기 위해 정기적 세무조사를 하지 않는다. 그러나 수시조사나 내부고발이 있을 때는 세무조사를 실시한다. 세무조사가 걱정된다면 세금을 안 내는 방법을 찾지 말고 절세 전략을 세우고 성실하게 세금 납부를 하면 된다.

세무조사는 사업주들이 가장 두려워하는 것 중 하나다. 업체로 컨설팅을 나가면 간혹 이런 이야기를 하는 사장이 있다.

"사업 연수가 5년이나 7년이 되면 세무조사가 나온다고 하더군요. 그러니 기존 사업자등록을 없애고 다른 사업자로 바꿔야 한답니다."

그러나 이는 낭설이다. 국세청의 원칙은 기업이 어느 정도 규모가 되지 않은 한 정기 세무조사를 하지 않는다.

세무조사 방법에는 일반조사, 심층조사, 추적조사, 확인조사, 긴급조사, 서면조사 등이 있다. 그리고 기간과 횟수로는 크게 정기조사와 수시조사로 나눌 수 있다. 그중에서 정기조사는 매출액을 기준으로 대기업과 중견기업들을 대상으로 실시한다. 중소기업 세무조사의 경우 정기조사보다는 수시조사가 대부분이다.

제167조(선정기준) 국세기본법 제81조의6(세무조사 관할 및 대상자 선정)에 따라 법인 정기조사 대상 선정 시 연간 수입금액 1,500억 원 이상의 법인은 「국세기본법」 제81조의6제2항 제2호에 따라 5년 주기 순환조사를 원칙으로 선정한다. 다만, 경제력 집중 등 다음 각 호의 어느 하나에 해당하는 법인의 경우에는 수입금액 500억 원 이상의 법인을 5년 주기 순환조사로 선정한다.

1. '독점규제 및 공정거래에 관한 법률'에 따른 상호출자제한기업집단 소속 법인
2. 자산 2천억 원 이상
3. 전문인적용역 제공 법인

사업주의 부적절한 행동으로 인한 세무조사

'국세청 정기조사 기준 / 법인세 사무처리 규정'에 따르면, 수입금액 500억 미만의 법인의 정기 세무조사는 없다고 나와 있다. 그러면 주변에 개인사업자 또는 법인이 세무조사를 받았다는 소문은 뭘

까? 첫째, 그것은 사업체에 대한 세무조사라기보다는 사업주의 잘못으로 세무조사가 나오는 경우가 많다. 즉, 뉴스 등을 통해 가끔 보는 상황인데 어느 기업 사주 자녀가 '갑질'이나 과도한 소비 등으로 사회적 문제를 일으키면 자녀를 조사하다가 그 회사까지 조사를 받게 되는 것이다. 또는 사업체 수입 신고 금액이 현저히 적으면서도 개인적으로 소비가 과도한 경우에도 세무조사가 진행되는 때가 종종 있다.

내부고발에 의한 세무조사

두 번째, 세무조사를 받는 또 다른 경우는 국세청 기준에 의한 조사가 아닌 내부고발에 의한 수시조사다. 내부고발은 관련 직원이나 관계인에 의해 이뤄지기 때문에 국세청에서 찾아내기 어려운 부분까지 드러나 추징액이 상당히 커지는 경우가 많다.

최근 들어 내부고발로 인한 세무조사를 많이 볼 수 있다. 사회가 투명해지기 위해 잘못된 탈세 관행이 신고되고 시정되는 것은 바람직하다. 내부고발에 의한 탈세 신고가 늘어난 데는 '체납자 은닉재산 신고포상금제도'가 큰 역할을 하고 있다. 체납자 은닉재산 신고포상제도란 탈세를 통해 축적하고 숨겨놓은 재산(은닉재산)에 대해 세금을 징수할 수 있도록 신고자에게 포상금을 주는 제도이다. 포상금은 최대 30억 원까지 지급된다.

◎ 체납자 은닉재산 신고포상금

• 지급기준 : 탈세제보포상금 한도액 30억 원(2018년 1월 1일 이후 접수분)

• 탈세제보포상금 지급률 5%~20%(2018년 2월 13일 이후 접수분/단, 납부된 금액 기준)

포상금 산출 기준 금액	지급률
5천만 원 이상~5억 원 이하	100분의 20
5억 원 초과~20억 원 이하	1억 원 + 5억 원 초과금액의 100분의 15
20억 원 초과~30억 원 이하	3억 2천 5백만 원 + 20억 원 초과금액의 100분의 10
30억 원 초과	4억 2천 5백만 원 + 30억 원 초과금액의 100분의 5

소명자료 제출로 하는 세무조사

세 번째, 세무조사는 국세청이나 세무사에서 직접 방문 조사를 나오는 것이 아니라 어떤 사안에 대해 소명자료 제출을 요구받아 '소명자료 제출'로 하는 세무조사가 있다. 소명자료 제출 요청은 어떤 사안에 대해서 견본으로 한두 업체를 확인하고자 하는 경우도 있고, 이해가 되지 않거나 좀 더 확인이 필요한 사안에 대해 요청하는 경우도 있다.

많은 업체들이 소명자료 제출을 요구받으면 내부에서 정확한 내용을 파악하지 못하거나 준비가 되지 않아 담당 세무사 사무실에 의존한다. 이때 담당 세무사 사무실에서 소명 준비를 하지 않거나 처음부터 잘못된 장부 기입으로 소명할 생각을 하지 않고 덮어놓고

'그냥 요청하는 대로 주시는 게 편합니다'라고 하는 경우가 간혹 있다. 과거에는 허위로 작성하거나 매출을 누락시키거나 매입도 없는데 가공경비를 잔뜩 만들어 신고하는 행태가 적지 않았다. 그러나 요즘은 그렇게 하지 않는다. 각종 세액공제 항목을 활용하고 지출결의서를 꼼꼼하게 작성해 두고 적법하게 세금 신고를 했다면 소명자료 제출을 요청받았을 때 당당하게 제출하고 사안에 대해 논의하여 해결할 수 있다.

★ 탈세가 아닌 절세 전략을 세우고 꼼꼼하게
자료를 챙겨 세금 신고와 납부를 한다면 세무조사는 두려워하지 않아도 된다.

편법적인 운영 습관이 들면 바뀌기가 쉽지는 않다. 수많은 업체의 경영 관리를 하면서 느끼는 것은 '내부 관리를 철저히 하는 회사는 절대 망하지 않는다'는 것이다. 그동안 세금을 줄이려고 각종 편법을 쓰던 회사들이 세금폭탄, 내부고발, 방만한 경영 등의 이유로 사라졌다.

회사를 운영하면서 무조건 법적 규정에 맞추는 것은 쉽지 않다. 때로는 유연성 있게 처리해야 할 일도 있다. 그러나 원칙을 벗어나 편법을 만들어 사용하면 후에 큰 문제가 발생하고 문제를 해결하기도 어려워진다. 세무조사는 피해가는 것이 아니라 당당히 대비하는 것이다.

Chapter 3

경쟁력을 높이고 기업 가치를 키우기 위한 운영 전략

– 경영 관리

17 ▼ 지인이 동업을
▼ 하자고 하는데
▼ 어떻게 해야 할까?

핵심 답변

동업이라는 사업 형태는 매우 신중히 생각한 후 결정하는 것이 좋다. 특히 개인과 개인의 동업은 관련법을 모른다면 섣불리 진행해서는 안 된다. 굳이 동업을 해야 한다면 법인 형태로 진행하는 것이 좋다.

사업을 처음 시작할 때 동업으로 하는 이들이 많다. 동업의 형태는 매우 다양하다. 자금을 서로 분담하기도 하고 아이디어, 노동력 같은 무형자산과 건물, 운영비 같은 유형자산을 분담하기도 한다. 가족과 동업하기도 하고 개인사업자와 법인이 동업하는 형태도 있다. 그리고 법인과 법인의 동업도 있다.

동업의 사전적인 의미는 '두 사람(또는 단체) 이상이 자산, 노동력 또는 그 밖의 재산을 투입하여 공동으로 사업을 경영하는 것'이다.

돈, 노동력, 특허권, 아이디어, 인맥, 땅, 건물, 자격증 등의 자산을 가지고 있는 둘 이상의 사람 또는 단체가 합의하여 사업을 하고 그 이익을 나누는 경영 방식이다. '하나보다는 둘이 낫다'는 말처럼 각자의 재원과 능력으로 서로 부족한 부분을 보완하여 똑같이 일하고 수익을 공평하게 분배하자는 것은 좋다. 그러나 서로 평화롭게 사업을 운영하고 수익을 공평하게 나누는 것은 쉽지 않다. 이유는 우리가 사람이기 때문이다.

똑같이 일하고 똑같이 나누는 것은 매우 어렵다. 예를 들어 A와 B가 똑같은 시간 동안 일을 했는데 A는 100을 생산하고 B는 60을 생산했다. 생산량 160을 A와 B가 80씩 나누어 갖는다면 어떨까? 한번은 그럴 수 있지만 이런 분배가 지속되면 A는 불공평하다고 느끼고 결국은 관계를 지속하고 싶어 하지 않게 된다. 그렇다면 생산한 대로 A가 100을 갖고 B가 60을 가져가면 공평하게 분배가 된 것일까? 아니다. 속사정을 보면 B가 생산하는 속도는 느리지만 인간관계가 좋아서 고객의 90%는 B를 보고 온 사람들이다. 그러기에 B 역시 수익의 80을 가져가는 것이 불만이다.

이렇듯 정확한 분배에 대한 문제가 항상 존재하기 때문에 동업은 어려운 국면으로 치닫는 경우가 많다. 처음에는 좋은 관계와 의도로 시작했다가 사이가 점점 나빠지는 경우를 자주 본다. 동업의 이런 문제는 사업이 잘되어도, 안 되어도 흔하게 발생한다.

또 다른 예를 보자. A는 사업 자금의 90%를 대고 대신 거의 회사

활동은 하지 않았다. 동업자 B는 사업 자금 10%만 부담한 대신 몇 년 동안 매일 야근을 하며 월급도 가져가지 않은 채 회사 일에 매진했다. 그러면서 회사 인지도를 엄청나게 높였다. 이런 상황에서 둘이 싸워서 헤어지게 되었다. 이 경우 회사는 누구의 것일까? 사업을 준비하고 시작할 때는 서로 죽고 못 사는 형제지간 같았던 A와 B의 관계는 사업을 하면서 철천지원수 사이가 되었다. 급기야 서로에게 해를 끼치기까지 한다.

가족과의 동업도 위험하기는 마찬가지다. 그래도 가족이기 때문에 아주 조금 상황이 낫기는 하다. 그럼에도 경영컨설턴트 입장에선 기본적으로 개인사업자 형태의 동업은 많이 권하고 싶지 않다.

그러나 어쩔 수 없이 동업을 해야 하는 상황이 있다. 그런 때는 최악의 상황을 방지하기 위해 동업의 정확한 기준과 원칙을 처음부터 잘 세워야 한다. 단순히 수익의 분배뿐만 아니라 문제 발생 시 책임 소재, 한쪽이 그만둘 때의 배분 문제, 한쪽이 사업상 사고를 일으켰을 때의 책임 범위, 사업 청산 시 잔존재산에 대한 처리 문제 등 수없이 많은 상황에 대한 기준과 원칙이 필요하다. 기준과 원칙은 동업으로 인한 갈등을 방지하고 사업을 발전시키는 데 중요한 요소가 된다.

동업계약서와 행동강령 작성

동업을 해야 한다면 가장 먼저 '동업계약서'를 작성해야 한다. 동업계약서에는 목적, 기간, 출자 의무, 각 동업자의 업무, 수익배분 방법, 손해 발생 시 처리 방법, 지분 양도 절차와 방식, 해산, 청산 등을 포함해야 한다(∵ 부록에 있는 '표준동업계약서' 양식 참고).

다음으로 사업을 운영해 가는 '행동강령'이 있어야 한다. 동업계약서가 행정적인 문제의 기준과 원칙을 협약하는 것이라면, 행동강령은 마인드적인 부분, 즉 경영 가치관과 기업문화에 대한 합의를 위해 필요하다. 어떤 경우에서는 동업계약 내용보다 행동강령 내용이 더 중요할 수 있다. 가치관이 잘 맞는다면, 동업계약은 사업이 잘되고 어느 정도 수입이 들어온다면 크게 문제되지 않는다. 만약의 상황에 대비하기 위한 문서일 수도 있다. 그러나 함께 회사를 운영해가는 업무나 운영 방법과 행동강령에 대한 합의가 없다면 그야말로 '성격 차이'로 헤어지게 될 수 있다. 따라서 눈에 보이는 문서 형태로 사업체를 운영하는 기본 행동강령을 합의하는 것이 중요하다.

동업의 가장 좋은 형태, 법인 설립

동업을 해야 할 때 가장 좋은 방법은 법인을 설립하는 것이다. 법인이 기본적으로 가지고 있는 구조에 맞춰 동업을 하면 동업 시에 발생되는 문제들을 어느 정도 제도적으로 보완할 수 있다.

동업은 자본, 노동력, 자격증, 영업력 등 계량하기 어려운 여러 가지 자산이 합쳐지는 것이다. 그래서 서로의 불만이 생기지 않게 수익을 배분하는 것이 어렵다. 법인은 법인격체를 만들고 거기에 여러 사람이 각자의 재원과 노동력을 투입하는 동업 형태를 가진다. 이를 법인 구조에서는 동업이라 하지 않고 투자라고 한다. 법인의 투자자(주주)와 운영진(임원)은 넓은 의미에서 동업이라 볼 수 있다.

주식회사의 경우 주식 지분의 분배라는 형태를 가지고 돈을 투자한 동업자들에게 투자금에 비례하는 주식을 부여하면 된다. 즉, 주주가 되는 것이다. 그리고 수익에 대해서 투자금의 비례분만큼 배당이라는 형태로 배분하면 된다. 노동력을 제공한 동업자들에게는 임원 등의 직위를 주고 업무에 맞춰 적정한 급여를 지급하면 된다. 노동력을 제공하는 동업자가 동시에 자금도 투자했다면 급여와 별도로 지분만큼의 배당금을 주면 된다.

동업은 사업을 하면서 필요하지만 정확한 법을 알지 못하고 진행할 경우 예상치 못한 여러 분쟁에 휘말릴 수 있다. 경우에 따라 동업자로 인해 엄청난 피해를 볼 수도 있으니 꼭 신중하게 결정해야 한다는 것을 다시 한 번 강조한다.

18 ▼ 내가 보유한 특허권을
▼ 회사에 양도하면
어떤 이득이 있을까?

핵심 답변

사장 개인 명의의 특허권, 저작권, 디자인권, 상표권 등을 타인이나 다른 회사나 자신의 회사(법인)에 양도하여 수익을 얻을 수 있다. 이 양도대금을 가지급금 해결과 자본금 증자 등에 사용해 기업의 신용등급을 올리고 주주 이익환원을 할 수 있다.

세상이 변화하면서 눈에 보이지 않는 무형자산의 가치가 점점 올라가고 있다. 과거엔 음악도 돈을 지불하지 않고 마음대로 복사해서 들었지만, 요즘은 음원 사용료를 지급하지 않으면 거리에서 음악을 트는 행위도 저작권법 위반이 될 수 있는 사회이다. 이렇듯 이제는 무형자산을 함부로 사용할 수 없는 시대에 살고 있다.

무형자산에 대한 가치가 인정되면서 이제는 그 무형자산을 사용했을 경우 비용을 지불해야 한다는 인식이 높아졌다. 그리고 사업을 하는 사장들은 이제 무형자산에 대해 많은 신경을 써야 하는 시기가 되었다.

그럼 이런 사용료를 내는 무형자산에는 어떤 것들이 있을까? 가장 대표적인 무형자산은 특허권이다. 특허권은 기술을 보호하는 차원에서 나온 권리다. 개발자가 각고의 노력으로 만든 상품 또는 기술을 타인이 베껴서 이득을 본다면 아무도 노력해서 기술을 개발하지 않을 것이다. 특허권은 심사를 거쳐 개발한 사람에게 권리를 부여하고 타인으로부터 무단 사용 등의 침해를 당하지 않도록 보호하는 제도다. 특허뿐 아니라 무형자산에 대한 권리를 가진 사람은 자신의 기술이나 상품의 사용권을 판매할 수 있다. 또 자신이 운영하는 법인에게 판매를 하는 경우도 많다.

특허를 법인에 팔 수 있는 이유

자신의 무형자산을 자신의 법인에 파는 것이 어떻게 가능할까? 먼저 법인의 구조를 알아보자. 법인은 내가 만든 것이어도 나의 것이 아니다. 법인은 법적으로 독립된 인격을 부여받은 존재로 재산을 소유할 수도 있고 빚도 질 수도 있으며, 세금을 낸다. 개인의 주민등록번호처럼 법인등록번호도 있다. 법인 안에서 사장은 법인에게 급여를 받고 일하는 직원 중 하나다. 따라서 법인 명의로 수익이 생겼다면 내 회사지만 그 돈은 내가 번 것이 아니라 법인이 번 것이다. 법인이 번 돈에서 사장은 급여를 받고, 주주는 지분율만큼 이익을 배당받는 것이다.

따라서 사장이 개인적으로 개발한 특허라면 그 권리는 사장에게 있다. 만약 법인이 그 특허로 사업을 한다면 특허 사용료를 특허권자인 사장에게 지불해야 한다. 또 법인이 특허를 계속 사용하고 싶다면 가치를 평가한 후 사장으로부터 특허를 구입하면 된다.

★ 사장이 개인적으로 개발한 특허권, 저작권, 디자인권, 상표권 등을
자신의 회사에 판매할 수 있으며 세제 혜택도 받을 수 있다.

특허 매매의 세제 혜택

법인이 특허권자로부터 특허를 구입하면 특허 매입 후 7년 동안 무형자산 감가상각비로 비용 처리를 할 수 있어 법인세를 줄일 수 있다. 또, 특허권자 양도자는 특허권 판매로 발생한 소득은 기타소득으로 분류되어 총 매매금액에서 필요경비 60%를 인정받을 수 있다. 즉, 특허를 판매한 입장에서도 구매한 입장에서도 일정 부분 세제 혜택을 받을 수 있는 셈이다. 이렇게 국가가 세제 혜택을 주는 이유는 R&D 산업을 육성시키고 지적재산권을 이용한 산업을 발전시키기 위해서이다.

특허권 매매 시 절세의 예

개인이 가지고 있는 특허권을 5억 원에 평가받고 이를 법인에 판매했을 경우를 예로 들어보자.

종합소득세 절세액

---

① 5억 원 상여처리 시

　5억 원 × 44% = 192,060,000원(지방소득세 포함)

② 5억 원 특허권 처리 시

　{5억 원 - (5억 × 60%)} × 41.8% = 62,260,000원(지방소득세 포함)

- 상여처분 대비 특허권 양도 시 절세액 : 129,800,000원(지방소득세 포함)

법인세 절세액

- 5억 원 × 22% = 110,000,000원(지방소득세 포함)
  (단, 법인세 22% 회사 기준)

이와 같은 구조는 특허권 이외에도 디자인권, 상표권, 영업권, 저작권 등 대부분 대동소이하다. 단지 업종의 특성상 항목들의 가치 인정금액에 차이가 존재할 뿐이다. 앞으로 이 무형자산의 가치는 점점 더 확대되고 높아질 것이다. 따라서 사장은 자신이 만든 무형자산을 관리하는 데도 신경 써야 한다.

19 ▼ 기업 신용등급 ▼ 관리가 왜 중요한 ▼ 것일까?

핵심 답변

기업의 신용등급은 협력업체 등록과 금융권의 대출 한도와 금리 등을 정하는 데 중요한 평가 요소이다. 신용사회로 가고 있으므로 기업의 신용등급 관리는 더욱 중요해질 것이다. 따라서 신용등급의 평가 원리를 알고 관리해야 한다.

개인이 대출을 받거나 금융 거래를 할 때 신용등급을 평가받는다. 신용등급이 좋으면 대출한도액도 높고, 이자율도 낮게 책정된다. 마찬가지로 기업의 신용등급도 좋을수록 대출이자는 물론이고 입찰이나 경쟁, 각종 국가 지원금 신청에 유리하다. 기업의 신용등급은 다음과 같은 때 중요하게 사용되며, 이외에도 여러 분야에서 많이 사용된다.

기업 신용등급은 보통 어디에 사용될까?

① 대기업의 협력사로 등록할 때, 대형 유통사의 납품업체 등록할 때
② 모든 공공입찰(조달청, 행정자치부 등) 시
③ 은행 등 금융기관에 대출 신청 및 금리 조정 시
④ 신용보증기금, 기술보증기금, 중소벤처기업부 등의 지원금 신청 시

몇 년 전 자동차 회사에 부품을 납품하던 업체의 이야기다. 업체는 가지고 있는 기술력으로 많지는 않지만 하청을 맡아 큰 무리 없이 사업을 운영하던 곳이었다. 그런데 갑자기 협력업체 등록제가 생기면서 한 장의 공문을 받았다고 한다. '×× 자동차에 관련된 모든 업체는 지정한 신용평가사에서 신용등급을 받아 제출하십시오. 만약 일정 등급 이상 되지 않으면 올해부터 협력업체 등록이 취소됩니다'라는 내용이었다.

업체 대표는 그동안 자동차 회사의 요구도 잘 들어주고 접대도 많이 하며 관계를 잘 가져왔기 때문에 큰 걱정을 하지 않았다. 그러나 기업신용평가 등급이 B-로 협력업체 등록 요건에 미달되어 더 이상 제품을 납품할 수 없다는 통지를 받게 되었다. 이 업체 대표는 너무도 황당하고 억울해서 며칠간 잠을 이루지 못했다고 한다. 사실 업체 대표는 세금을 조금 줄이기 위해 실제 매출과 이익을 줄여 신고해왔다. 그로 인해 신용등급이 실제보다 더 낮게 나오게 되었다. 그렇게 주요 납품처를 잃어버린 이 업체는 결국 문을 닫았다.

신용등급을 관리하지 않아 납품처나 거래처를 잃는 경우는 적지 않다. 이렇듯 기업의 신용등급은 회사의 존폐를 결정할 정도로 중요한 요소다. 이런 사례들은 현재도 계속 일어나고 있으며 신용사회로 가고 있는 우리나라에선 점점 더 그 중요성이 높아져 가고 있다.

기업 신용등급이 중요한 또 한 가지 이유는 기업 신용등급과 대출금리와의 관계다. 기업 상담을 하다 보면 "신용평가사에서 회사의 신용등급을 평가받은 적이 없는데 우리 회사 신용등급이 BB라고 합니다. 도대체 우리 회사의 그런 정보는 어떻게 얻어서 등급이 나오는 겁니까?"라는 질문을 받을 때가 있다. 기업이 은행 등의 금융기관에 대출을 신청할 때 서류를 제출한다. 물론 은행이 자체 등급 평가도 하지만 그 서류를 가지고 신용평가사에 기업의 신용등급을 평가 의뢰하기도 한다. 그리고 그 평가된 신용등급은 금융기관에서 대출금리를 결정하는 데 중요한 참고 자료로 사용된다.

신용등급은 무엇을 측정하는 것일까?

은행에서 신용등급 평가를 까다롭게 하는 이유는 '부도나서 빌려준 돈을 받지 못 할까 봐' 그러는 것이다. 기업 부도확률, 금리 연체율 등을 측정하는데 경기가 나쁠수록 더 보수적으로 평가한다. 그래서 경기기 좋지 않을수록 신용도가 낮은 중소기업은 자금조달이 어려워질 수 있다. 즉, 신용등급은 근본적으로 '회사가 얼마나 잘 나가냐?'가 아니라 '회사가 망할 확률이 얼마나 되느냐?'를 평가하는 것이다.

개인 대출에서와 마찬가지로 기업 신용등급이 높으면 은행으로부터 더 많은 액수를 더 낮은 금리로 대출받을 수 있다. 따라서 사업을 하면서 자금 지원을 원활하게 받고자 한다면 신용도를 높이고 신용등급을 관리해야 한다.

신용등급의 평가 요소

기업의 신용평가는 '정량적 평가'와 '정성적 평가' 두 가지 부분으로 나누어 한다.

정량적 평가는 기업의 수치적인 평가로 재무제표가 대표적이다. 재무제표에는 재무상태, 손익거래, 이익금처분 등 기업의 전년도 영업적 수치가 모두 나와 있다. 따라서 기업 신용등급을 측정하는 데 가장 중요한 자료가 된다.

정성적 평가는 대주주와 대표이사의 경력, 신용 상태, 시장점유율과 상품경쟁력, 보유 중인 특허·디자인권 같은 미래가치적 요소 등 매출 향상을 기대할 수 있는 무형자산 등을 고려한다. 특히 창업한 지 얼마 되지 않은 작은 규모의 회사일수록 정성적 평가에 가중치를 높게 두는 경우가 많다. 왜냐하면 초기 회사이고 매출이 크지 않은 회사에서는 그 회사 자체의 경쟁력도 중요하지만, 그 회사의 임원진과 주주, 즉 대표이사나 대주주의 역할과 행동이 기업의 존망에 큰 역할을 하기 때문이다.

신용등급 이렇게 관리하자

기업 신용등급 관리는 어렵지 않다. 대표의 신용등급에 신경 쓰고, 출금 이자를 연체하지 않는 것이 기본이다. 또 정성적 평가 항목의 내용을 잘 정리하여 신용등급 평가 시 제출하는 것도 아주 중요하다. 대부분의 회사가 신용등급 평가 시에 정량적 평가 기준인 재무제표만 신경을 쓰는 경우가 많다. 반면에 정성적 평가 요소(특허권, 수출신용장, 영향력 있는 주주 등)는 갱신하지 않거나 제출하지 않

★ 기업의 신용등급이 좋을수록 거래처 등록, 금융권 이용, 입찰,
국가 지원금 신청에 유리하다.

을 때가 있다. 만약 전년도 매출 상승이 있고, 당기순이익도 나쁘지 않은 상태인데 회사의 신용등급이 별로 좋지 않다고 판단되면 정성적 평가 항목을 필히 점검해야 한다.

기업 신용등급을 위해 관리해야 할 정성적 평가 항목

---

① 운영진의 신용 상태
② 대주주의 외형적 규모
③ 보유하고 있는 특허나 상표권 같은 무형자산
④ 시장점유율 및 상품경쟁력
⑤ 대표이사 또는 주요 운영진의 경력 및 신용등급 등

요즘 같은 신용사회에서 기업 신용등급은 정말 중요한 사항이다. 따라서 신용등급의 중요성을 인지하고 좀 더 신중하게 준비해서 제출한다면 기업의 가치는 높아지고, 대출이자율은 낮아지고, 국가지원금 신청은 용이하게 되며, 협력업체 등록 또는 입찰을 진행하는 시점에서도 훨씬 좋은 위치에서 경쟁할 수 있을 것이다.

20 ▼ 근로자를 위한 정부 지원금에는 어떤 것들이 있는가?

핵심 답변

근로자를 위한 정부 고용지원금 종류는 크게 '고용안정장려금' 과 '고용창출장려금' 등 크게 둘로 나눌 수 있다. 고용안정장려금은 정부가 기업의 고용 안정을 촉진하고, 실업률을 낮추기 위해 시행하는 지원 제도이며, 고용창출장려금은 정부가 일자리 창출과 고용시장 개선을 목표로 지원하는 금융지원 제도이다. 또한 두루누리사회보험이라는 4대보험을 지원하는 제도도 있다.

정부가 근로자를 위해 지원하는 장려금에는 크게 두 가지로 나누어 볼 수 있다. 첫 번째가 '고용안정장려금' 이며 두 번째가 '고용창출장려금'이다.

이 두 가지 장려금의 세부 지원제도는 매년 조금씩 변경이 된다. 올해 기준으로는 고용안정장려금에는 대표적으로 '정규직 전환 지원', '고령자 계약장려지원', '워라밸 일자리 장려금' 등이 있다. 그리고 고용창출장려금에는 '청년일자리도약장려금', '고용촉진장려금', '신중년 적합직무 고용지원' 등이 있다.

◎ 주요 고용 지원금(2023년 기준)

구분	내용	개요	지원대상	최대지원금
고용 안정 지원	정규직 전환	신분이 불분명한 기간제 근로자를 정규직 전환할 경우 지원금을 지원하는 제도	기간제, 파견, 사내하도급 근로자 및 특수형태 업무종사자 6개월 이상 2년 미만의 근로자를 직접 고용하거나 정규직으로 전환한 사업주	월 50만 원 연간 600만 원
	고령자 계약장려 지원금	정년에 도달한 근로자를 계속 근로 고용하거나 재 고용 시 지원제도	회사의 정년 기준 후 6개월 이내에 1년 이상 계약을 한 사업주	2년간 720만 원
	워라밸 일자리 장려금 (근로시간 단축 장려금)	소정근로시간 단축제도를 도입, 가족돌봄 등 근로자의 필요에 따라 근로시간 단축을 허용한 사업주에게 근로자의 임금감소 보전금과 간접노무비, 대체인력 인건비 등을 지원해 주는 제도	전일제 근로자가 필요할 때 소정근로시간 단축을 제도적으로 허용한 사업주	−임금감소액 보전금 : 우선지원대상기업·중견기업 월 20만 원(정액) −간접노무비 : 우선지원대상기업·중견기업 월 30만 원(정액)
고용 창출 지원	청년 일자리 도약 장려금	5인 이상 우선지원대상기업에서 취업애로 청년을 정규직으로 채용하고 6개월 이상 고용유지 시	채용일 기준 6개월 이상 실업상태인 만 15세~34세 취업애로 청년을 채용한 사업주	월 최대 60만 원씩 1년간 지원 일시지급(2년간 최대 1,200만 원)

고용 창출 지원	고용창출 장려금	취업 취약계층 또는 만 50세 이상 실업자 를 신규로 고용하거 나, 근무형태를 변경 하여 근로자 수가 증 가한 기업을 대상으 로 인건비 등을 지원 하는 사업	교대근로 개편, 실 근 로시간 단축 등을 도 입하여 기존 근로자 의 근로시간을 줄임 으로써 실업자를 신 규 고용하여 근로자 수가 증가한 사업주	-인건비 : 우선지 원대상기업 월 80 만 원(최대 2년간)
	신중년 적합직무	만 50세 이상 실업자 를 신중연 적합직무 에 신규고용한 업체 에 지원하는 제도	모든 사업주	월 80만 원씩 최대 1년간 960만 원

(위, 내용은 정부의 예산 소진에 따라 중단, 변경될 수 있음)

인건비는 모든 사장의 고민이다. 특히 소규모 사업장에서 느끼는 부담은 훨씬 클 것이다. 국가도 이런 점을 인식해서 소상공인의 부담을 완화하고 근로자의 고용불안을 해소하기 위해 여러 가지 지원제도를 운영하고 있다. 그중 소상공인을 위한 대표적인 지원 정책 중 하나가 두루누리 사회보험 지원제도와 워크넷이다.

두루누리 사회보험

두루누리 사회보험(www.insurancesupport.or.kr)은 상시근로자 수가 10명 미만인 사업장에 한하여 월평균 보수가 260만 원 미만 근로자와 사업주에게 고용보험 · 국민연금 보험료를 최대 80%까지 지원해준다(2021년부터는 신규가입자에 대해서만 지원).

지원기간

두루누리사회보험

-신규입사 기준 36개월까지 가능

지원 제외대상

-지원 신청일 전년도 과세표준합계가 6억 이상인 자

-지원 신청일 전년도 종합소득합계 4,300만 원 이상인 자

워크넷

워크넷(www.work.go.kr)은 고용노동부 산하 한국고용정보원에서 운영하는 구직·구인, 직업·진로 정보를 제공하는 취업 정보 사이트다. 직원 채용, 근로자 교육, 지역 워크넷 등 다양한 정보와 프로그램을 이용할 수 있다. 또한 청년일자리도약장려금, 청년내일채움공제 등의 고용 지원금 안내도 받을 수 있다.

워크넷

이 외에도 국가는 근로자들을 지원하기 위한 다양한 지원금 프로그램을 운영하고 있다. 다만, 정책은 시간이 지남에 따라 변동될 수 있으므로, 가장 최신 정보는 관련 공공기관의 웹사이트를 참조하시기 바란다. 주요 근로자 지원금 종류는 다음과 같다.

임금체불급여: 근로자들의 임금이 지급되지 않은 경우, 정부가 일정 금액을 지원하는 프로그램.

노동자 복지 지원금: 저소득 근로자 가구를 대상으로 한 생계비 지원, 의료비 지원, 교육비 지원 등 다양한 복지 지원 제도

출산휴가 및 육아휴직 지원금: 출산휴가 및 육아휴직을 사용하는 근로자에게 지원하는 급여 프로그램.

청년실업 대책: 청년 실업 문제를 해결하기 위한 다양한 지원 프로그램이 있으며, 이에 따른 근로자 지원금이 지급됨.

직업훈련 지원금: 근로자의 직업능력 개발을 위한 교육 및 훈련 프로그램에 참여할 경우, 일정 금액의 지원금이 지원.

21

사장의 역할 중 비상시 자금 관리가 가장 중요하다는데 어떻게 해야 하나?

핵심 답변

사장이라면 시기에 따라 돈의 흐름을 운영하는 능력이 있어야 한다. '돈맥경화'라는 말이 있다. 자금의 흐름이 막힌 상황을 말한다. 회사에 돈맥경화가 일어나지 않도록 적정한 규모의 현금 보유, 일정 비율의 대출 관리, 효율적인 정부 정책자금 신청 등을 해야 한다.

사장은 매달 회사가 필요한 자금을 계산해서 준비해 두어야 한다. 또 회사의 자금 흐름이 막히지 않도록 시기에 맞춰 자금을 구분해놓아야 한다. 회사가 운영되면서 매달 수익이 발생되지만, 새로운 사업 확장이나 일시적 자금경색, 거래처의 부도 같은 여러 변수로 자금이 부족하게 되는 경우가 종종 있다.

무리한 확장은 주의하고, 예비비를 확보한다

천안의 한 부품 제조 회사를 급하게 컨설팅한 적이 있다. 납품하는 부품이 특이해 매출이 많지는 않아도 안정적으로 사업을 운영하고 있었다. 그런데 부품이 들어가는 제품의 판매량이 늘어나면서 이 부품 업체까지 덩달아 공장 규모를 확장해야 했다. 업체 대표는 부동산을 확보하고 공장과 시설을 확장하면서 무리하게 대출을 받았다. 대출이자가 부담되었지만 그동안 매출이 일정했고 부동산 가격도 상승할 것이라고 단순하게 생각했다. 그런데 신설 공장에서 부품을 생산한 지 얼마 되지 않아 일이 벌어졌다. 부품을 납품받던 거래처에서 제품 하자가 발생해 판매량이 줄고 매출액이 급감하게 된 것이다. 연이어 이 부품 업체의 매출도 줄어들게 되었다.

규모가 커져서 고정 경비도 상승한 데다가 대출이자도 적지 않아 업체 대표는 큰 압박감을 느끼기 시작했다. 거기다가 매달 기존 대출의 원리금 상환도 해야 했고 최저임금 상승에 맞춰 임금도 줘야 했다. 한 개 제품에 대한 의존도가 너무 높다는 점도 문제였다. 그리고 몇 달 동안을 운영할 최소의 예비비용도 준비하지 않고 무리하게 부동산 투자를 한 것도 잘못이었다. 업체를 컨설팅하면서 보니 향후 매출이 급감하여 고정경비 지출로 매달 2천만 원 이상씩 적자가 날 상황이었다.

국가 정책지원금 활용

컨설팅 상담 후 이 부품 업체는 우선 마이너스가 예상되는 고정경비 6개월 치와 예비비 3개월 치를 포함해 약 2억 원 정도의 추가대출을 진행했다. 부동산을 포함해 자산 재평가를 받아 대출한도를 늘릴 수 있었다. 또한 대출 원리금 상환 대비는 업체가 보유한 기술력의 우수함을 내세워 중소벤처기업진흥공단(www.kosmes.or.kr) 정책자금 융자를 신청하도록 했다. 마지막으로 임금 상승에 대해서는 근무시간은 줄이고 급여는 전년도 대비 일시 동결하는 것으로 근로자들과 합의하여 처리했다. 컨설팅 후 현재 이 업체는 신규 아이템의 판매량이 증가해 다시 정상 궤도에 올랐다.

급할 때 돈을 만들어내는 능력

천안의 부품 업체는 상당히 운이 좋은 경우다. 수개월 안에 매출을 정상화할 수 있는 신규 아이템이 없었다면 상황이 매우 안 좋아졌을 것이다. 돈을 버는 것도 중요하지만 적절한 현금 보유 비율을 유지하고 매출 구조를 다각화해 자금순환이 막히지 않도록 해야 한다. 자금이 급하다고 대출 먼저 서두르지 말고 대출상환 계획 등을 준비해야 한다.

중소기업 사장들은 회사와 자신을 동일시 여기는 경우가 상당히 많다. 좋은 사업 아이템이라고 생각하면 자신의 전 재산을 한 번에 '올인'한다. 집중하는 것은 좋지만 사업이 도박이 되어서는 안 된다. 사업이 매번 성공할 수는 없다. 실패했을 때 다시 일어날 수 있는 최소한의 대비를 해두어야 한다. 재무제표, 기업 신용등급, 기술력 등의 무형자산 관리를 통해 자금이 원활하지 않을 때 수월하게 자금을 융통할 수 있는 좋은 기업 토양을 만들어놓는 것도 매우 중요하다.

아이템이 좋고 시스템만 잘 갖추어 놓으면 돈은 회사와 직원들이 벌게 된다. 사장은 좋을 때가 아니라 어려울 때 기업의 소방관으로 역할을 하는 것이다. 사장이라면 돈을 버는 것만큼 제대로 돈을 관리하고 급할 때 돈을 만들어내는 능력이 중요하다.

상세한 지식 Box

대표적인 중소기업 자금 지원 기관

1 중소벤처기업진흥공단(www.kosmes.or.kr)

- 지원규모 : 융자(4조1,769억 원), 이차보전(7,970억 원) / 2023년 기준
  ① 융자한도 : 개별기업당 융자한도는 중소벤처기업부 소관 정책자금의 융자잔액 기준으로 최대 60억 원(수도권을 제외한 지방소재 기업은 70억 원)
  ② 대출금리 : 정책자금 기준금리(분기별 변동금리)에 사업별 가감금리를 적용하며, 기업별 신용위험등급, 담보종류 등에 따라 금리 차등

- 사업별 기준금리 등 세부사항은 사업별 정책자금 융자계획에서 규정
- 시설자금 직접대출의 경우 각 사업별로 고정금리 적용 가능(단, 협동화 및 협업사업 승인기업 지원은 제외)
- 기존 대출기업도 정책자금 기준금리 변동에 따라 대출금리가 변동되며(일부 자금 제외), 대출금리는 정부정책에 따라 변경 가능

2 소상공인시장진흥공단(www.semas.or.kr)

- 융자대상 : 상시근로자 5인 미만 업체(제조업, 건설업, 운수업 : 상시근로자 10인 미만 업체)
- 융자조건 :
  ① 자금별대출금리(매분기별로 변동)
  ② 대출한도 : 업체당 최고 7천만 원 이내
    - 단, 장애인, 사업전환자금, 청년고용특별자금 1억 원 이내, 성장촉진자금 2억 원(운전자금 1억 원) 이내
    - 소공인특화자금 5억 원(운전자금 1억 원) 이내, 협동조합 전용자금 5억 원(운전자금 1억 원) 이내, 성공불융자 2천만 원 이내
  ③ 대출기간 : 5년(거치기간 2년 포함)
    - 긴급경영안전자금 10년(거치기간 5년 포함) 단, 장애인은 7년(거치기간 2년 포함), 성공불융자는 5년(거치기간 3년 포함)
  ④ 상환방식
    - 대리대출 : 거치기간 후 상환 기간 동안 대출금액의 70%, 3개월마다 금균등분할상환하고 30%는 상환기간 만료 시에 일시 상환
    - 직접대출 : 거치기간 후 매월 원금균등분할상환

22 ▼ 상승하는 최저임금,
▼ 부담을 줄이는 방법에는
무엇이 있을까?

핵심 답변

근로자의 단위 시간별 생산성을 높일 수 있는 근로 시스템을 구축하고, 복잡한 임금대장은 법정수당(기본금, 연장수당 등) 항목으로 간소하게 재구성한다. 또한 전문가와 상의하여 유연근로제 등을 도입해 근로시간을 적극적으로 구조 조정한다.

급격히 오른 최저임금으로 사장들이 굉장한 부담을 느끼고 있다. 인건비는 컨설팅이나 자문을 할 때 영업 문제 외에 가장 많이 대화를 나누는 주제이다. 이익률이 높지 않은 소상공인이나 소기업 사장 입장에서는 매년 상승하는 최저임금에 맞춰 급여를 지급하는 것이 큰 부담이다. 임금에 퇴직금과 4대 보험, 초과근무수당 등을 합치면 시급 1만 원 시대가 열렸다고 봐야 한다.

따라서 최저임금 상승에 따른 부담을 줄이고 인건비를 합리적으로 운영하기 위해선 다음 사항을 고려해야 한다.

1. 생산성을 높이고 연장근무를 축소한다

근로시간을 합리적으로 관리하여 단위시간별 생산성을 올려 최대한 연장근무를 축소할 방안을 찾아야 한다. 현재 상시근로자 5인 이상 사업장은 근로자가 1일 8시간, 1주 40시간 이상의 연장근로를 하는 경우 통상임금의 100분의 50 이상을 가산해 지급한다. 따라서 기준이 되는 최저임금이 올라가면 연장근무 시 부담액은 더욱 커진다.

★ 근로시간을 다양화하여 인건비 부담을 낮추고, IT 기술 등을 활용해
업무의 효율성과 생산성을 높여야 한다.

대한민국은 OECD 가입국 중 노동시간이 가장 긴 편이면서도 시간당 생산성은 최저 수준이다. 노동생산 효율이 나쁘다는 것이 꼭 근로자가 열심히 일하지 않아서 발생하는 것이 아니다. 시설의 노후화, 상명하복의 기업문화, 노동집약적 산업구조 등 시스템적 문제가 더 크다. 기업의 미래뿐만 아니라 국가의 미래를 위해서라도 낮은 노동생산성은 개선되어야 한다.

근로시간이 필요 이상으로 긴 사업장의 경우 근무체계 수정, 업무 분장, 고객 셀프서비스 확대, 무인결제기 도입, 전산 시스템 확충 등으로 근로시간의 낭비를 막는 것이 바람직하다. IT 기술을 활용해 업무시간의 효율성을 높이고 연장 근무시간을 최대한 줄이도록 해야 한다.

2. 임금 구성 항목을 간소화한다

기업의 임금대장을 살펴보면 기본급 외에 상여금, 직책수당, 근속수당, 직급수당, 교통비, 식대, 가족수당, 통신비 등 여러 수당들로 구성된 경우가 많다. 이런 임금 구성 항목은 간소화하는 것이 좋다. 이런 약정수당 임금 항목 중에는 최저임금 계산에서 제외되는 항목이 많다. 그래서 최저임금 이상으로 급여를 지급하고도 잘못된 임금 구성으로 최저임금법 위반 과태료를 내는 경우가 종종 있다.

임금 구성을 기본급, 연장근무수당 등 아주 기본적인 항목으로 간소화해 최소 법정 수당 위주의 임금대장으로 재구성해야 한다.

3. 근로시간을 다양화한다

업무 유형이나 필요에 따라 근로시간을 다양하게 운영하는 것도 방법이다. 탄력적 근로시간제, 선택적 근로시간제, 재량근로시간 제, 사업장 밖 간주근로시간제 등 근로기준법에서 정하고 있는 유연근로시간제를 적용해서 근로시간을 단축할 수 있고 이는 인건비 총액을 줄이는 데도 도움이 된다. 또한 유연근로제를 도입하면 국가 지원금 정책도 활용할 수 있다.

23 ▼ 성실신고확인대상 예정이면 꼭 법인전환을 해야 할까?

핵심 답변

성실신고확인대상자 예정이라면 법인전환을 고려할 필요가 있다. 그러나 신중하게 전환을 고려하라는 것이지 무조건 전환해야 하는 것은 아니다. 법인전환 시 사전 점검을 통해 발생 가능한 문제들을 확인한 후 전환을 진행해야 한다.

"제가 운영하는 인터넷 쇼핑몰이 올해 상반기 매출만 10억 원이 넘을 것 같습니다. 세금 문제가 걱정되어 기장 세무사한테 상의했더니 이대로 가면 제가 성실신고확인대상자가 될 것이라고 합니다. 성실신고확인대상자가 되면 내년 종합소득세가 올해보다 훨씬 더 많이 나올 것이라 합니다. 그래서 이번 기회에 법인으로 전환할 것을 권유받았습니다. 법인전환을 꼭 해야 할까요?"

최근 이렇게 개인사업체를 법인전환해야 하는지에 대한 상담의 뢰가 많다. 법인전환이란 법인이라는 법인격체를 만들어 자신의 개인사업체를 그 법인에게 전부 또는 일부를 팔아 법인이 기존 사업을 지속하게 하는 절차를 말한다.

개인사업체의 법인전환이 늘어나는 이유는 국가가 법인전환으로 유도하고 정책을 펴고 있기 때문이다. 국가는 '××업종은 ××원 정도의 매출이 발생하면 ××원 정도의 수익이 생길 것이다'라고 예상해 단순경비율이나 기준경비율 같은 다소 단순한 세금징수 방법을 사용하고 있다. 그러나 같은 업종이더라도 회사마다 다양한 수익률을 가지고 있는 현대 사회에서는 더 이상 맞지 않는 세금징수 방법이다.

개인사업자를 법인으로 전환함으로써 기업 규모의 확대와 경영 규모의 적정화를 이루고 국제경쟁력을 높일 수 있다. 그리고 법인은 복식부기장부가 의무이기 때문에 매출, 비용, 수익이 정확하게 계산된다. 따라서 법인전환을 통해 탈세를 막고 주먹구구식 세금징수 방식을 개선할 수 있는 것이다.

현재 국가는 매출이 높은 개인사업자가 법인으로 전환하지 않을 때는 세제상의 많은 불이익을 주고, 법인전환 시에는 세제상의 이익을 주는 정책을 시행하고 있다.

세수투명화를 위한 국가전략

세수투명화를 위한 국가 전략은 전자세금계산서 제도 시행, 신용카드 사용 시 혜택, 현금영수증 의무발급제도 등으로 진행되고 있다. 이런 제도들을 통해 개인사업자에서 빈번히 발생되었던 매출누락을 방지하고 종합소득세의 누진세율(최소 6%~최대 45%)을 더욱 확대시켜 고액의 개인사업자가 더 많은 세금을 낼 수 있도록 하고 있다. 매출이 높은 개인사업자를 대상으로 하는 성실신고확인제도도 이런 맥락의 제도다.

성실신고확인제는 무엇인가?

성실신고확인제란 수입이 일정 규모 이상인 개인사업자가 종합소득세를 신고할 때 장부기장 내용의 정확성을 세무사 등에게 확인받은 후 신고하게 하는 것이다. 개인사업자의 성실한 신고를 유도하기 위한 것으로 신고 내용이 부실한 경우 담당 세무대리인도 강력한 징계를 받는다. 성실신고확인제의 주요 내용은 다음과 같다.

주요 점검 사항

사업자의 지출비용 적격 여부, 업무 무관 경비 내역 및 매출 누락 등

징계 책임

세무조사 등을 통해 세무대리인이 성실신고확인을 제대로 하지 못한 사실이 밝혀질 경우 세무대리인에게 강력한 징계를 줌.

◎ 성실신고확인제도 대상 업종 및 기준액

업종별(매출액 기준)	2017년	2018년 ~ 2019년	2020년 이후 (연기)
농업 및 임원, 어업, 광업, 도매업 및 소매업(상품중개업 제외), 부동산매매업 등	20억 원 이상	15억 원 이상	10억 원 이상
제조업, 숙박 및 음식점업, 전기, 가스, 증기 및 수도산업 하수, 폐기물처리, 원료재생 및 환경복원업, 건설업, 운수업, 출판, 영상, 방송통신 및 정보서비스업, 금융 및 보험업, 상품중개업	10억 원 이상	7.5억 원 이상	5억 원 이상
부동산임대업, 부동산 관련 서비스업, 임대업(부동산임대업 제외), 전문 과학 및 서비스업, 사업시설관리 및 사업지원서비스업, 교육서비스업, 보건업 및 사회복지서비스업, 예술, 스포츠 및 여가 관련 서비스업, 협회 및 단체, 수리 및 기타 개인서비스업, 가구 내 고용활동 등	5억 원 이상	5억 원 이상	3.5억 원 이상

개인사업자의 법인전환 혜택

자발적으로 법인전환을 하는 개인사업자에게는 기존 영업권을 법인에게 매매한 것으로 보아 그에 해당하는 세제 혜택을 준다. 영업권 거래를 권리금과 비슷한 무형자산으로 인정하고, 무형자산 매매시 기타소득으로 처리해서 필요경비 60%를 인정해줌으로써 절세 혜택을 주고 있다.

이런 좋은 혜택이 있지만 그렇다고 법인전환을 무조건 진행해서는 안 된다. 향후 발생할 문제들을 꼼꼼하게 살펴보고 사업상 득과 실을 파악한 후 전환 여부를 결정해야 한다. 성실신고확인대상자이거나 예정된 사업자는 해당 전문가에게 진단을 받아보길 권한다.

24 ▼ 개인사업자에서 법인으로 전환 시 사업주가 망설이는 이유는 뭘까?

핵심 답변

법인으로 전환하면 '사장이 돈을 자유롭게 쓰지 못한다' '운영이 복잡해진다'는 이야기를 듣는다고 한다. 또 '법인전환 경험자들이 말린다'는 이야기도 한다. 이런 '카더라 통신' 때문에 법인전환이 필요한데도 망설이는 개인사업자가 있다. 정확한 정보와 데이터를 통해 결정하는 것이 현명한 운영방식이다.

일반 서비스 업종은 연매출 5억 원 이상, 제조와 요식 업종은 연매출 7억5천만 원 이상이 되면 성실신고확인대상자가 된다. 개인사업자를 유지할 경우 세금이 늘어나기 때문에 회계사나 세무사는 법인전환을 권한다. 그러면 '사장이 돈을 자유롭게 쓰지 못한다고 하던데요' '법인 운영은 무척 복잡하다고 하던데요' '법인전환 경험자들이 하지 말라며 말립니다'라며 법인전환을 망설인다. 이런 소리들은 사실일까?

1. '사장이 돈을 자유롭게 쓰지 못한다'는 사실이 아니다.

10년 이상 중소기업 경영컨설팅을 해오면서 법인 대표가 돈을 자유롭게 쓰지 못하는 경우를 본 적이 없다. 돈을 못 벌기 때문에 못 쓰는 일은 있어도 법인으로 운영하기 때문에 못 쓰는 일은 거의 없다.

2. '법인 운영은 무척 복잡하다고'는 일부 사실이다.

개인사업자는 세무서 방문이나 인터넷 신청으로 사업을 바로 시작할 수 있다. 하지만 법인은 법무사를 통해 법원에 설립신고를 하는 절차를 거쳐야 하고 운영도 조금 복잡하다. 그러나 법인으로 전환하면 다양한 이익금 환원 전략으로 소득세 절감과 자산 이전 등의 장점을 얻을 수 있다.

개인사업자의 법인전환 시 장점

① 기본 세율(소득세율 최소 6%~최대 45%, 법인세 최소 9%~최대 24%)의 장점
② 이익 분산의 다양성(급여, 상여, 퇴직금, 배당 등 다양한 실현방법으로 약 15%~20%의 세율 유지)

③ 성실신고확인대상 제외

④ 영업권 평가(필요경비 60% 공제를 통한 세제 혜택)

⑤ 법인 CEO(또는 임원)의 세제 혜택

⑥ 대외신용도 증가 및 그에 따른 자금 융통의 원활함

⑦ 주식의 비상장가치평가를 이용한 가업승계 시 유리함

⑧ 지분 분산을 통한 대주주 리스크 헤지(Risk Hedge)가 가능함

(QR 코드 주소: youtu.be/VWfXirTGYtg '실패 없는 개인사
업자 법인전환')

현명한 법인전환

3. 법인전환 경험자들이 말리는 이유는 따로 있다

단순히 세금이 줄어든다는 이야기만 듣고 사업장의 특징도 파악하지 않고, 법인 운영 계획도 세우지 않은 채 법인전환을 한 경험자라면 말릴 것이다. 해보니 장점은 적고 운영은 불편하고 문제가 많이 발생한다는 사실 때문이다.

준비 없는 법인전환은 비유하면 이렇다. 개인사업이라는 차에서 법인이라는 새 차로 교체했는데 사용 매뉴얼을 읽지 않고 차를 몰고 나가는 것이다. 사용법을 잘 모르니 어렵고 불편할 수밖에 없다. 새 자동차의 문제가 아니라 매뉴얼을 숙지하지 않은 차주의 잘못이다. 주변의 권유나 말림보다 사업을 어떻게 키워가고 운영할 것이

★ 법인전환을 할 때는 사업의 특징을 파악하고
법인 운영 계획을 세운 후 해야 한다.

지 실리를 따져 법인전환을 결정해야 한다.

법인전환 시 주의할 점

법인전환을 개인사업자의 매출을 법인으로 이전하는 단순한 절차라고 생각하면 낭패를 볼 수 있다. 개인사업체와 법인의 운영 주체가 같다고 하더라도 소유권 이전이 되는 것으로 이에 따른 각종 과제들이 발생한다. 따라서 세금 문제, 업력 단절, 근로자 승계, 취·

등록세 발생, 인증 취소, 기업 신용등급하락, 대출상환, 차입이자 상승, 협력업체 등록 취소 등등 관련 항목을 꼼꼼히 살펴야 한다.

단순한 세제 혜택이나 성실신고대상자를 벗어나려는 생각으로 법인전환을 해서는 안 된다. 법인전환을 통해 장기적으로 어떻게 사업을 이끌어나갈지를 우선 계획하는 현명함이 필요하다.

현명한 법인전환

성장의 시작

Chapter **4**

법인의 이해부터
운영까지,
수확과 확장을 위한
경영 노하우

- **법인사업자**

25 ▾ 주식회사는 무엇이며,
어떤 구조로
되어 있는가?

핵심 답변

'주식회사'는 한 사람이 아닌 여러 사람이 돈을 투자해 세운 회사를 말한다. 각자의 투자금에 비례해서 주식을 배정받고 이익에 따라 비례분만큼 수익을 받는 공동체 사업 구조를 가진다. 주식회사의 인적 구성 요소는 돈을 투자한 '주주'와 회사를 경영하는 '임원', 회사에 근무하는 '직원'이다.

　일반인뿐만 아니라 사업주도 개인사업체의 구조나 법인 구조에 대해 잘 이해하지 못하는 것을 적지 않게 본다. 자신이 운영하는 법인이 어떤 종류인지, 어떤 구성인지 잘 모르는 대표들도 있다. 그래서 사장이 마음대로 자금을 유용하면 안 된다는 것을 잘 모른다. 당장은 문제가 없으니 그냥 덮어놓고 운영하는 일도 많다. 법인 구조, 즉 주식회사의 이원적 운영체계(주주총회와 이사회 같은)를 이해하지 못하면 의도치 않게 법을 위반할 수 있고 이는 기업의 손실로 이어질 수 있다.

법인의 정의와 종류

법인의 사전적 정의는 '법에 의하여 권리와 의무를 행사할 수 있는 자격을 부여받는 사람'을 뜻한다. 여기서 사람이란 실제 사람이 아니라 법인격을 갖춘 존재라는 뜻이다. 개인에게 주민등록번호와 인감이 있듯이 법인도 등록번호와 법인인감을 갖는다. 법인에는 공(公)법인과 사(私)법인, 재단법인과 사단법인, 영리법인과 비영리법인, 외국법인과 내국법인 등이 있다. 수익사업을 하고 이익을 추구하는 법인은 영리법인으로 이는 다시 주식회사, 합명회사, 합자회사, 유한회사 등으로 나뉜다. 일반적으로 사업을 할 때 가장 많이 사용하는 법인의 형태가 주식회사다.

주식회사는 소유와 경영이 분리된다

주주(투자자)들이 사업을 시작하기 위해 자본금을 만들고, 발기인들이 자본금으로 회사(법인, 주식회사)를 설립한다. 주주들은 법인격체인 회사를 대신해 일할 이사들(이사회)을 뽑고 그중 한 명을 대표이사로 선임한다. 주주들은 대표이사와 주요 경영진들이 회사 운영을 제대로 하는지 확인하기 위해서 감사를 선임한다. 주주와 임원이 있으면 상법에 따라 법인 운영의 기본요건을 갖춘 셈이다.

회사 설립 후 자본금을 주식 형태로 바꾸고 이사회는 회사를 운영하여 수익을 창출한다. 수익은 운영진에게는 급여와 상여 같은 형태로 지급되고, 주주들에게는 배당 형태로 지급된다.

예를 들어보자. A가 주식회사를 만드는 데 필요한 자본금이 5천만 원이다. 3천만 원을 보유하고 있던 A는 친구 두 명에게 각각 1천만 원씩, 총 2천만 원을 투자받았다. 이 경우 지분구조는 60%(3천만 원), 20%(1천만 원), 20%(1천만 원)이고, A와 친구 둘은 주주가 되었다. 각각 20%의 지분을 가진 친구 둘은 회사 운영을 A에게 맡기고, 본인들 대신 일하는 A에게는 매달 사장 월급으로 300만 원을 지급하기로 했다. A는 법인에 투자된 자본금 5천만 원을 활용해 돈을 번 후 매달 본인 급여 300만 원을 가져가고 나머지 금액으로 회사 운영을 했다. 이 회사는 1년 후 인건비와 각종 비용을 다 제하고 1억 원의 수익을 남겼다. A와 친구 둘은 그 이익금을 지분보유 배분율에 비례하여 3:1:1의 비율로 나눠 가지면 된다.

주식회사는 이렇게 소유와 경영이 분리된 구조다. 규모가 작거나 동업하지 않겠다면 개인이 자본금 전부를 투자하고 주주도 1인인 지분 100%의 법인으로 구성해도 된다. 사내이사는 자신으로 등록하고 감사 등의 다른 임원을 두지 않아도 된다. 과거에는 개인이 혼자 지분 100% 보유하고 경영하는 방식의 주식회사를 설립할 수 없었다. 그러나 현재는 법이 개정되어서 자본금 100원, 주주 1인, 임원 1인만으로도 주식회사를 설립할 수 있도록 규정이 완화되었다. (단, 자본금 10억 이상인 경우엔 이사 3명을 두어야 함)

소규모 1인 주식회사의 설립

개인이 설립한 법인이더라도 법적으로 법인과 개인은 분리된 인격체라는 점을 명심해야 한다. 내가 만들고 내가 일해서 이번 달에 천만 원을 벌었지만, 돈을 번 주체는 법인이다. 따라서 내가 이 수

★ 개인이 설립한 법인이더라도 법적으로 법인과 개인은
분리된 인격체라는 점을 명심해야 한다.

익금 천만 원을 사용하려면 법인의 허락을 받아야 한다. 적지 않은 대표들이 이 부분을 답답해하거나 무시한다. 그래서 잘못된 자금 유용이 발생하기도 한다. '내가 만든 회사에서 번 돈을 내가 쓰는데, 누구에게 왜 허락을 받습니까?'라는 생각이다. 법인으로 사업을 하면서 지켜야 할 법적 규정이 있다. 따라서 주식회사는 어떻게 운영되는지를 알고 사업을 운영해야 길게 갈 수 있다.

10년 이상 경영 관리 자문을 하면서 알게 된 사실은 영업이 안 돼서 망하는 회사보다 관리가 안 돼서 망하는 회사가 훨씬 많다는 것이다.

26 ▼ 급여·상여·배당,
법인의 이익환원
종류와 방법은?

핵심 답변

주식을 보유한 대표이사라면 법인의 수익에 대해 보통 세 가지 방법으로 환원받을 수 있다. 첫째 임원에게 지급되는 급여와 상여 같은 '보수'다. 둘째 회사가 번 금액 중 각종 비용을 공제한 이익잉여금을 주주에게 나누는 '배당'이다. 셋째 주식을 타인에게 양도해서 얻는 '양도차익'이다.

"저의 월급을 얼마로 책정해야 합니까?" 자신이 받을 급여액을 정하는 것은 처음 법인사업을 하는 사장들이 많이 어려워하는 문제다. 자신이 쓰는 생활비 액수에 맞춰 급여를 정하기도 하는데 소득세와 국민연금, 건강보험 공제 등을 예상 못해 금액이 부족하게 되는 경우도 왕왕 있다. 이러니 법인사업을 하면 돈 쓰기가 불편하다는 이야기가 나오는 것이다. 신생 법인만의 상황이 아니다. 10년이 거의 다 되어가는 한 법인의 대표가 급여로 700만 원을 받는다고 했다. 이유를 물어보니 이랬다.

"담당 세무사가 연간 급여를 8,800만 원 이상 받으면 세금이 엄청 많이 나온다고 하더군요. 종합소득세율이 38.5%가 된다고 합니다. 그 금액을 안 넘기려고 몇 년째 월급을 700만 원으로 동결하고 있습니다."

연 매출액이 50억 원이 넘고 연간 당기순이익은 3억 원이 넘어가는 회사이다. 그런데 대표의 가지급금(회사로부터 빌린 돈)은 5억 원이 넘고, 미처분 이익잉여금도 15억 원이 넘었다. 배당은 한 번도 하지 않았다. 법인의 이익금 환원구조에 문제가 있는 상황이었다. 이렇게 운영하는 회사가 아주 많다. 급여를 많이 받으면 소득세 부담이 훨씬 커지는 것은 맞다. 그러나 여기서 세무사가 이야기하는 8,800만 원은 연간 지급받은 대표의 급여 총액이 아니라 과세표준이라는 세금을 계산하는 기준이 되는 금액이다. 따라서 일반적으로 급여를 받는 대표이사는 급여소득자에게 부여되는 여러 가지 소득공제 항목이 있기 때문에 실제로 8,800만 원보다 많은 급여를 가져가도 예상보다는 훨씬 낮은 소득세가 계산된다. 약 1억 원 대비 약 12% 정도의 근로소득세가 부과된다.

오히려 급여를 적게 책정해서 부족한 생활비 때문에 '규정되지 않은 가지급금'으로 법인에서 돈을 가져가게 된다. 이렇게 되면 법인세도 더 많이 내고, 가지급금에 대한 인정이자가 다시 법인의 이익으로 잡혀서 법인세도 추가로 더 내게 된다. 또 급여나 상여를 지급하지 않아 그 연도의 당기순이익은 많아져서 좋아 보이지만 결국은 배당을 제대로 하지 않아 계속 미처분이익잉여금으로 쌓여서 나중에 더 큰 '세금폭탄'을 맞게 되는 경우도 많이 있다.

법인 대표의 급여 책정은 이렇게

법인 대표는 회사 운영과 상황에 맞춰 적절한 급여를 책정해야 한다. 급여액의 수준은 가지급금 등과 같은 방식으로 법인의 자금을 가져가지 않아도 자신과 가정생활을 유지할 정도가 되어야 한다. 급여액의 수준은 월 기준으로 언제든지 변경할 수 있다. 이번 달에 올릴 수도 있고 다음 달에는 내릴 수도 있다.

상여는 회사를 1년간 운영해본 후 연간 이익금 일부로 지급하는 것이 좋다. 특정한 인원에게 상여를 지급할 때는 '특수관계자에 대한 부당행위 부인'에 주의해야 한다. 같은 일을 했는데 대표와 특수한 관계가 있는 특정인에게만 상여를 주면 부당행위 계산 부인이 될 수 있다. 특정인 상여 지급 시 법적인 문제에 휘말리지 않으려면 이사회, 주주총회, 정관 등에 규정된 절차를 따라야 한다.

돈을 버는 만큼 중요한 이익금 환원

1년간 법인 운영으로 발생한 당기순이익은 회사의 돈이라기보다는 주주의 돈이라고 보는 것이 맞다. 예를 들어보자. 주주 5인이 각각 1천만 원을 투자해 자본금을 만들어 법인을 차렸다. 1년 뒤 모든 경비를 제외하고 1억 원의 당기순이익이 남았다면 1억 원의 주인은 주주 5인이다. 당기순이익 1억 원에 대한 이익준비금 10%를 제외한 9천만 원을 각 주주의 지분율(1:1:1:1:1)에 따라 1인당 1천8백만 원씩 배당하면 된다.

대부분의 소규모 법인 대주주 경영자는 배당보다는 재투자를 선호한다. 그래서 이익을 부동산이나 설비 같은 비유동자산에 투자한다. 그러나 기본적으로 법인, 그중에서도 주식회사는 주주에게 합당한 배당을 해야 하는 것이 정상이다. '우선 최소한의 급여만 가져가고 필요할 때 회사에 있는 돈을 쓰면 되지'라는 생각은 주식을 보유한 대주주 경영자에게서 많이 볼 수 있는 잘못된 마인드다. 거듭 강조하지만 법인과 자신을 동일시하여서는 안 된다.

법인의 당기순이익에 대한 적당한 이익환원을 하지 않는 것은 운동 부족으로 뱃살이 두꺼워지는 것과 비슷하다. 뱃살이 두꺼워지면 성인병에 걸리듯 기업도 병에 걸린다. 급여, 상여, 배당을 통한 균형 잡힌 이익금 환원 정책이 돈을 버는 것만큼 중요한 부분임을 인지해야 한다.

27 ▼ 내가 받을 배당금을
▼ 다른 주주에게
주는 것이 가능할까?

핵심 답변

가능하다. 이를 '불균등배당' 또는 '초과배당'이라 한다. A주주가 90%, B주주가 10%를 가지고 있는 시점에서 1억을 배당하게 되면 A주주는 9천만 원, B주주는 1천만을 배당받는 것이 맞다. 그러나 A주주가 배당액 중 일부를 배당 포기하면 포기된 금액에 대해서 B주주가 더 많은 배당액을 가져 갈 수 있다.

법인의 이익환원 방법 중 가장 중요한 것이 배당이다. 즉, 법인을 운영하고 남은 이익금을 비례분대로 주주가 나누어 가져가는 것이 주식회사에 기본적인 이익금 환원 구조이다. 그러나 대부분 매년 발생하는 이익잉여금을 제대로 배당하지 않는다. 이익금을 유형자산이나 기타 재고자산 등에 재투자하는 경우도 많다. 그러나 회사가 안정되고 현금이 계속 쌓이는 데도 배당을 원활히 하지 않는 경우도 많다. 배당이 잘 이뤄지지 않는 가장 큰 이유는 세금 때문이다.

배당금이 연간 2천만 원 이상 되면, 초과 금액은 종합소득세에 합산된다. 중소기업은 대표가 대주주인 경우가 많고 종합소득세 과세표준 금액도 높은 편이다. 여기에 2천만 원이 넘는 배당까지 받으면 종합소득세가 부담스러울 수밖에 없다. 상황이 이러하다 보니, 미처분 이익잉여금을 누적시켜가며 방법을 모색하는 대표들이 적지 않다.

그러나 주식회사란 주주가 투자해서 생긴 이익에 대해 배당을 해야 이익 환원이 되는 구조다. 배당이 제대로 되지 않으니 수도관이 꽉 막힌 것처럼 여러 문제가 생기기 시작한다.

배당을 하지 않을 때의 문제들

배당을 하지 않으면 기업 가치 상승, 현금 유동성 문제, 해외 투자자의 소극적 투자 등 증시 부양에 부정적 영향이 발생한다. 정부가 배당 활성화 정책을 시행했으나 종합소득세 부담으로 대주주들이 배당에 적극적이지 않았다. 따라서 소액 투자자도 배당을 받을 수가 없었다. 왜냐하면 기업 임원진이 대주주인 경우가 대부분이니 이사회에서 배당 전략이 나오지 않기 때문이었다.

이에 정부는 대주주가 배당을 포기하면 그 금액을 소액 주주가 자기 지분을 초과하여 배당받는 불균등배당(초과배당)을 부분적으로 허용했다. 이후 기업의 배당이 늘어나고 배당액이 높아지자 기업 주가가 상승하는 효과를 볼 수 있었다.

기업들의 불균등배당이 늘어나면서 점차 비상장주식 회사들도 불균등배당을 전략적으로 사용하기 시작했다. 비상장주식 회사 대부분이 중소기업이라 대표가 대주주로 가장 많은 주식을, 그 가족이 나머지 주식을 나눠 보유하는 경우가 많다. 이런 중소기업의 경우 불균등배당으로 배우자나 자녀에게 초과배당을 하면 대주주의 종합소득세 누진세율을 낮출 수 있다. 또한 자녀에게 초과배당된 부분은 자동 사전증여의 효과도 볼 수 있다.

초과배당의 사례

예를 들어 살펴보자. 어느 주식회사의 대주주이자 대표A(아버지)가 80%, 배우자가 10%, 아들과 딸이 각각 5%의 지분율을 가지고 있다. 균등배당할 때와 초과배당할 때의 차이는 다음과 같다.

① 1억 원을 균등배당 시

	지분율	배당금액
대표 A(아버지)	80%	8,000만 원
배우자	10%	1,000만 원
아들	5%	500만 원
딸	5%	500만 원

② 1억 원을 초과배당 시

	지분율	배당금액	배당 포기액	초과배당	실제 배당액
대표 A(아버지)	80%	8,000만 원	6,000만 원		2,000만 원
배우자	10%	1,000만 원		1,000만 원	2,000만 원
아들	5%	500만 원		2,500만 원	3,000만 원
딸	5%	500만 원		2,500만 원	3,000만 원

그러나 이렇게 본인 지분율보다 높은 비율의 배당금액을 배당받은 초과배당 수혜자는 2021년 변경된 세법에 의해서 배당세 이외에 추가로 증여세를 부과해야 한다.

＊ 상세한 지식 Box 참조─제41조의 2(초과배당에 따른 이익의 증여)

초과배당 시 세금 계산

그렇다면 변경된 세법으로 초과배당을 진행했을 경우 세금은 어떻게 되는지 계산해 보자.

첫째, 대표이사A(아버지)가 본인 배당액 중 일부(8천만 원)를 포기함으로써 가족(배우자, 자녀들)에게 배당되는 금액은 2천만 원(배우자), 6천만 원(아들, 딸)이다.

둘째, 본인 지분율보다 초과배당으로 과세되는 증여세 과세표준 금액은 배우자가 1천만 원, 두 자녀가 나누어서 각각 2,500만 원이다.

셋째, 배당받은 금액은 총 세 가지 세금을 신경 써야 한다. 배당소득세(2천만 원 이하는 14% 배당소득세, 2천만 원 이상은 종합소득세 합산) 그리고 초과배당된 금액에 대한 증여세이다. 초과배당금액이 현재 1억 원 미만이므로 1억 원 미만의 증여세 세율은 10%다.

◎ 1억 원을 초과배당 시 세금 계산

	지분율	배당금액	배당 포기액	초과 배당액	실제 배당액	배당소득세 (지방세 포함)
대표A (아버지)	80%	8,000만 원	6,000만 원		2,000만 원	308만 원
배우자	10%	1,000만 원		1,000만 원	2,000만 원	308만 원 + (초과배당금액−소득세액) 에 대한 증여세
아들	5%	500만 원		2500만 원	3,000만 원	462만 원 + (초과배당금액−소득세액) 에 대한 증여세
딸	5%	500만 원		2,500만 원	3,000만 원	462만 원 + (초과배당금액−소득세액) 에 대한 증여세
			6,000만 원	6,000만 원	1억 원	1,540만 원+ (초과배당금액−소득세액) 에 대한 증여세

초과배당금을 받는 수혜자 중 특수관계자(배우자, 자녀 등)는 배당소득세를 내고, 증여세까지 부담하면서 초과배당을 진행해야 할 필요가 있냐고 이야기할 수 있다. 그러나 가족들에게 사전증여를 염두에 둔다면 이런 초과배당이 유리할 수 있다.

① 대표A(아버지)가 8천만 원 모두 균등배당받은 후 가족에게 증여를 했을 경우

대표A(아버지)가 8천만 원을 모두 배당받으면 배당소득으로 분리과세되는 2천만 원을 초과하는 6천만 원은 일반적으로 다른 수입(급여소득, 임대소득, 사업소득 등)을 받고 있는 대표자A의 종합소득으로 합산 과세되어 평균 38% 이상의 종합소득세를 내게 되는 경우가 많다. 그리고 가족에게 증여 시에 추가로 증여세를 또 부담해야 한다.

② 대표A(아버지)가 2천만 원 받은 후 나머지 금융을 가족에게 초과배당을 했을 경우

대표A(아버지가)가 초과배당을 위해 본인은 2천만 원만 배당을 받아서 분리과세로 진행하고, 나머지 배당을 포기한 6천만 원은 가족에게 분산하여 초과배당하게 되면 다른 수입이 없는 가족은 2천만 원을 초과되는 금액이 종합소득세에 합산된다 하더라도 총 배당금 대비 약 16%~17% 정도의 종합소득세만 내면 된다. 그리고 초과배당된 금액을 증여세로 부담해야 한다.

그리고 만약 배우자 및 두 자녀가 과거에 한 번도 대표A(아버지)에게 증여받은 적이 없다면 특수관계자 증여세 공제한도(배우자 6억, 성인자녀 5천만 원, 미성년자 2천만 원) 안에서는 증여세를 면제받을 수도 있다.

결국 사전 증여를 예상한다면 증여세는 일부 절세되겠지만 초과배당을 통해 종합소득세에서는 이익을 볼 수 있다. 그러므로 2021년 세법개정으로 인해 과거보다는 절세적인 효과가 많이 감소했지만 그래도 초과배당은 해당 대상자의 상황에 따라 유리한 절세 방법이 될 수 있다.

상세한 지식 Box

상증세법 제41조의2(초과배당에 따른 이익의 증여)

① 법인이 이익이나 잉여금을 배당 또는 분배(이하 이 항에서 "배당 등"이라 한다)하는 경우로서 그 법인의 대통령령으로 정하는 최대주주 또는 최대출자자(이하 이 조에서 "최대주주 등"이라 한다)가 본인이 지급받을 배당 등의 금액의 전부 또는 일부를 포기하거나 본인이 보유한 주식 등에 비례하여 균등하지 아니한 조건으로 배당 등을 받음에 따라 그 최대주주 등의 특수관계인이 본인이 보유한 주식 등에 비하여 높은 금액의 배당 등을 받은 경우에는 제4조의 2 제3항에도 불구하고 법인이 배당 등을 한 날을 증여일로 하여 그 최대주주 등의 특수관계인이 본인이 보유한 주식 등에 비례하여 균등하지 아니한 조건으로 배당 등을 받은 금액(이하 이 조에서 "초과배당금액"이라 한다)에서 해당 초과배당금액에 대한 소득세 상당액을 공제한 금액을 그 최대주주 등의 특수관계인의 증여재산가액으로 한다. 〈개정 2018. 12. 31. 2020. 12. 22.〉

② 제1항에 따라 초과배당금액에 대하여 증여세를 부과받은 자는 해당 초과배당금액에 대한 소득세를 납부할 때(납부할 세액이 없는 경우를 포함한다) 대통령령으로 정하는 바에 따라 제2호의 증여세액에서 제1호의 증여세액을 뺀 금액을 관할 세무서장에게 납부하여야 한다. 다만, 제1호의 증여세액이 제2호의 증여세액을 초과하는 경우에는 그 초과되는 금액을 환급받을 수 있다. 〈개정 2020. 12. 22.〉

1. 제1항에 따른 증여재산가액을 기준으로 계산한 증여세액

2. 초과배당금액에 대한 실제 소득세액을 반영한 증여재산가액(이하 이 조에서 "정산증여재산가액"이라 한다)을 기준으로 계산한 증여세액

③ 제2항에 따른 정산증여재산가액의 증여세 과세표준의 신고기한은 초과배당금액이 발생한 연도의 다음 연도 5월 1일부터 5월 31일까지로 한다. 〈개정 2020. 12. 22.〉

④ 초과배당금액, 초과배당금액에 대한 소득세 상당액 및 정산증여재산가액의 산정방법 및 그 밖에 필요한 사항은 대통령령으로 정한다. 〈개정 2020. 12. 22.〉

28 ▼ 법인 정관을
▼ 정비해야 하는 이유는
무엇일까?

핵심 답변

국가에는 국가를 운영하는 법률이 있는 것처럼 법인도 그 법인을 운영하는 운영 방침이 있다. 법인에서는 그 최소한의 규정이 정관이다. 정관은 기업의 운영 방침으로 법인 규모와 이익환원 등에 대한 방법, 투자 방식 등을 담는다. 주기적으로 정관을 살펴보고 정비해야 만약에 생길 수 있는 법적 불이익에 대비할 수 있다.

경영컨설팅회사를 운영하다 보니 거의 매주 두세 분의 중소기업 대표들을 상담하게 된다. 그런데 경영 관리 상담 중에 정관 정비에 대한 중요성에 대해 이야기하면 대부분 이런 대화가 오간다.

"아, 정관 정비……. 그거 받았는데요."

"잘 하셨습니다. 그래서 뭘 변경하셨나요?"

"정확히는 잘 모르겠고 퇴직금 배수인가, 그걸 변경했습니다. 지난번에 보험사 컨설턴트가 다 알아서 해준다고 했어요. 그때 뭐 3배수인가를 넣어놓았다고 했어요."

"네. 그거 말고 다른 점검을 받은 것은 없으신가요?"

"다른 거요? 뭐 또 있나요? 잘 모르겠지만 알아서 잘해놓았을 테지요."

"배당 규정과 핵심 임직원을 위한 정책 부분은 어떤가요? 명의신탁이 일부 있던데 주식 양도 제한에 대한 건 점검하셨나요?"

"네? 그건 뭔가요?"

많은 경우가 이런 식이다. 회사에 맞는 정관 정비를 한 것이 아니라, 단지 임원 퇴직금 세부 규정을 신설한 것이다. 물론 임원 퇴직금 지급 규정도 정관 정비의 중요한 요소 중 하나다. 그러나 그것이 정관 정비의 모든 것은 아니다.

정관은 회사가 나아가는 방향을 결정하는 기본 규정이다. 자본금을 늘릴 신주 발행 조건, 스톡옵션의 사용 여부와 기준, 주주 배당, 주식 양도 제한 규정, 임직원의 보수 및 복지 규정, 주주총회의 절차 간소화 등등 법인을 운영하는 데 필요한 사항을 명기하고 있다. 자본금 5천만 원으로 시작해 매출이 100억 원이 되고, 직원도 늘었다면 그 변화한 규모에 맞는 정관이 필요하다. 아이가 한 살 때 입히던 옷을 여덟 살이 되었는데도 계속 입힐 수 없는 것과 같다.

기업 경영컨설팅을 하면서 절세와 미래경영 전략을 설계할 때 가장 먼저 검토하는 것이 해당 기업의 정관이다. 그러나 안타깝게도 대부분의 대표가 정관의 중요성을 잘 모른다. 단순히 회사를 만들 때 필요한 서류로 여기거나 임시주총의사록 서류 몇 장으로 다 해결된다고 여기기도 한다.

정관의 구성

정관은 '절대적 기재사항' '상대적 기재사항' 그리고 '임의적 기재사항'으로 구성된다.

1. 절대적 기재사항

절대적 기재사항은 반드시 기재하여야 할 사항으로 누락해선 안 되며, 적법하게 기재되지 않으면 정관이 무효가 된다. 주식회사의 경우 정관에는 목적 · 상호, 회사가 발행할 주식의 총수, 1주의 금액, 회사 설립 시에 발행하는 주식 총수, 본점의 소재지, 공고를 하는 방법, 발기인의 성명과 주소 등을 반드시 기재해야 한다.

절대적 기재사항에 있는 내용은 대부분 다 법인등기부등본에 명기되어 있다. 따라서 정관에 절대적 기재사항을 변경하게 되면 법인등기부등본도 변경해야 한다.

★ 정관은 기업의 업력과 성장, 변화에 따라
주기적으로 정비해야 한다.

2. 상대적 기재사항

상대적 기재사항은 정관에 기재하지 않으면 효력이 인정되지 않는 사항이다. 주 내용은 주식회사를 설립할 때의 변태설립사항, 현물출자, 주식의 양도제한, 전환사채 발행 등이다.

3. 임의적 기재사항

임의적 기재사항에는 사회질서에 위배되지 않으면 어떤 사항이든 넣을 수 있다. 정관에 명기함으로서 우리 회사는 이런 규정이 있고 그걸 기준으로 운영하겠다는 사규적 성격을 가지고 있다. 주식의 명의개서 절차, 주권의 종류, 소소한 내규 등과 같은 사항이 여기에 해당한다.

정관 정비는 이렇게

정관 정비 시 소규모 중소기업이라면 다음 세 가지를 신경 써야 한다. 또한 정관 변경은 상법상 주주총회 특별결의사항으로 법에서 정한 절차를 준수해 정비해야 한다.

1. 주식 발행 및 운영에 대한 규정

신주 발행 시 규정, 자기 주식 취득에 관한 규정, 주식 양도 제한 규정, 스톡옵션 규정 등에 대한 내용을 신경 쓴다.

2. 임원 보수 및 복리후생에 대한 규정

임원 보수 및 퇴직금 규정, 이사의 책임 경감 규정, 임원 유족 보상금 규정 등 임원 처우에 대한 부분이다.

3. 주주 이익환원 규정

정기 배당, 중간 배당, 불균등배당 규정 등 원활한 이익환원이 가능하도록 점검한다.

29 ▼ 대표가 회사에서
   ▼ 빌려간 돈, 가지급금이
     몇 억?

핵심 답변

가지급금이란 법인에서 돈은 나갔으나 증빙이 정확하지 않을 때 '대표나 운영진이 회사로부터 빌려간 돈이라고 인식하는 금액'이다. 실제로 법인에서 빌린 돈이 아닌데도 빌린 것으로 회계 처리되어 매년 4.6%의 이자를 내고 원금도 갚아야 한다. 따라서 가지급금이 발생하지 않도록 하고, 이미 발생된 상태라면 그 금액이 너무 커지지 않게 적당히 처리해야 한다.

가지급금은 정리해도 어느 순간 자라 있는 잡초 같은 존재다. 가지급금에서 자유로운 법인 대표는 거의 없다. 가지급금으로 분류되는 항목은 크게 두 가지로 나눌 수 있다.

첫째, 법인과 특수관계에 있는 사람에게 지급한 대여액이다. 업무와 무관하게 개인적으로 사용한 것으로 이런 경우에는 사용 명칭을 불문하고 세무상 관심 대상이 된다.

둘째, 회계상 가지급금으로 거래 내용이 불분명하거나 적격 증빙자료를 수취하기가 어려운 자금이 사용되었을 때, 거래가 완전히 종결되지 않았을 때, 임시로 설정하는 계정과목을 말한다. 예를 들어 부적절하지만 거래처에 어쩔 수 없이 리베이트를 지급했을 경우 영수증을 받을 수도 없고 지출계정 항목을 분류하기도 어려워 대표이사의 가지급금으로 처리하곤 한다.

가지급금을 정리해야 하는 이유

가지급금이 안 좋은 이유는 손비 처리되는 비용 항목으로 처리할 수가 없기 때문이다. 비용이 아니라면 결국 법인 통장에서 출금되어 부족한 금액은 누군가에게 빌려주었다고 해야만 회계를 맞출 수 있다. 그러나 국가에서는 법인과 특수관계에 있는 사람이 함부로 자금을 유용하지 못하도록 법인의 돈을 빌려갈 경우 높은 이자(연이자 4.6%)를 받도록 하고 있다. 예를 들어 대표의 가지급금이 1억 원이라면 연이자는 460만 원이나 된다. 대표는 원금과 이자를 모두 갚아야 한다. 회사 입장에서는 460만 원이 이자수익이 되기 때문에 이에 대한 법인세를 내야 한다. 만약 법인의 당기순이익 2억 원 이상 발생한다면 법인세율이 20%이므로 약 92만 원의 법인세를 추가로 더 내야 한다. 그러니 대표자는 계속 갚아야 할 돈이 켜져 가고 법인에서는 전혀 의미 없는 세금이 계속 증가되는 셈이다.

가지급금을 해결하지 않고 늘어나게 두면 기업 신용등급도 하락한다. 만약 대표자가 몇 년 동안 가지급금을 상환하지 않으면 국세청의 불시 점검으로 대표자의 상여로 한꺼번에 처리되어 엄청난 소득세를 내야 할 수도 있다. 이를 방지하기 위해 법인과 대표는 '금전소비대차계약서'를 작성해 두는 것이 좋다(∵ 부록에 있는 '금전소비대차계약서' 양식 참고).

가지급금 해결 방안

가지급금은 우선 발생되지 않도록 하는 것이 중요하다. 그러나 사업을 하다 보면 들판의 잡초처럼 가지급금이 생겨난다. 따라서 완전히 없애기는 힘들어도 최소한으로 줄여야 한다. 발생한 가지급금 관리에는 다음 세 가지 방법이 있다.

1. 대표의 대물변제

대표 개인 자산을 매각한 대물변제가 있다. 즉 가지급금을 개인 보유 현금이나 부동산 매각으로 갚는 것이다. 법인의 인정이자율이 개인 현금의 적립이자율보다 훨씬 높기 때문에 높은 이자율의 부채를 갚아버리는 것이 낫다. 그러나 대표의 개인 용도로 발생한 가지급금이 아니라면 대표 개인 자산으로 갚는 일은 흔하지 않다.

2. 배당을 통한 해결

배당을 통한 가지급금 해결이 있다. 법인은 이익에 대해 주주에게 보유 주식만큼 배당금을 지급하여 이익환원을 해야 한다. 그러나 소규모 법인의 주주는 대표인 경우가 많아 배당을 잘 하지 않는다. 적극적인 배당 정책을 통해 가지급금을 해결하고 나아가 미처분 이익잉여금도 줄여나가는 것이 바람직하다.

3. 주식 양도를 통한 해결

대표 보유 주식 중 일부를 법인에게 양도하는 방법이다. 대표적인 방법으로 자사주 처분이 있다. 예를 들어보자. 주식회사 A는 설립 시 자본금 1억 원으로 액면가 5,000원의 주식 2만 주를 발행했다. 이 주식의 100%를 대표 B가 가지고 있다. 회사가 잘되어 1주당 가치가 5천 원에서 20만 원으로 40배가 상승해 대표 B가 보유한 비상장주식의 가치는 총 40억 원이 되었다. 과거에는 비상장주식의 가격이 상승하더라도 상장을 하지 않은 경우엔 주식 매각이 쉽지 않았으나 현재는 적법한 목적이 있다면 매각을 할 수 있다. 대표의 주식 일부를 해당 법인에 매각하여 가지급금 처리가 가능하다. 이때 자사주 매각이 가능한지 회사의 상황을 살펴보는 것이 선행되어야 한다.

4. 무형자산 매각을 통한 해결

무형자산 매각을 통해 해결할 수 있다. 대표가 특허나 저작권 등의 지적재산권을 보유하고 있다면 이를 법인에게 대여하여 사용료를 받거나 양도하여 가지급금을 상환하는 것도 좋은 방법이 될 수 있다.

가지급금은 가능한 발생 · 누적되지 않도록 꾸준하게 관리해야 한다.

30

▼

회사에게 빌려준 돈,
가수금이
문제가 될까?

▼

핵심 답변

대표자가 법인에게 돈을 빌려주고 그에 대한 이자를 받지 않으면 법인이 이익을 본 만큼 증여의제로 해석될 수 있다. 또한 회사 여유 자금이 있는 상황에서 계속 가수금이 늘어나면 매출 누락으로 의심받을 수 있다. 또 가수금은 부채 계정이므로 기업 신용등급에도 좋지 않은 영향을 미친다. 가수금 역시 발생시키지 않아야 하며, 발생되었을 경우에는 증빙자료를 철저히 준비하여 소명에 대비해야 한다.

법인 설립 초기나 자금 사정이 좋지 않은 때 대표자가 회사 통장에 개인 돈을 대여금으로 넣는 경우가 많다. 법인에서 돈을 빌리는 가지급금의 연이자는 4.6%인데 법인에 돈을 빌려주는 가수금도 이 정도 이자가 대표에게 지급되어야 한다. 게다가 비영업대금이익으로 대표는 가수금 이자의 27.5%를 세금으로 내야 한다. 만약 법인이 대표에게 이자를 제대로 지급하지 않으면 이자만큼 증여받은 것으로 해석되기도 한다.

물론 가수금 액수가 크지 않다면 증여세 및 소득세 누락으로 세금을 부과받는 일은 흔하지는 않다. 그러나 만약 대표자가 받아야 할 이자가 연간 1천만 원 이상 된다면 세법상 증여의제(증여로 취급하여 세금을 부과하는 것)로 처리될 수 있다. 따라서 큰 금액을 가수금 계정으로 잡아두는 것은 좋지 않다.

가수금, 무엇이 문제일까?

가수금이 계정과목에 많이 남아 있을 때 가장 큰 문제는 바로 매출 누락 의심이다. 사업체가 어느 정도 자리를 잡은 상태이고, 재무상으로 회사 통장에 현금이 상당히 있음에도 계속 가수금 계정이 늘어나면 국세청에서는 '이 가수금은 대표자가 회사의 금전적 어려움을 해결하기 위해서 입금한 것이 아니라, 세금계산서가 발행되지 않은 매출 금액을 법인 통장에 입금한 것이다. 즉 항목이 불분명한 돈의 근거를 맞추기 위해 대표자의 가수금으로 처리한 것이다'라고 인식하는 경우가 많다. 따라서 요즘은 이렇게 법인 통장에 입금된 자금을 매출 누락으로 인지하고 조사가 많이 나온다.

또한 가수금은 대표의 개인 자산이기 때문에 자칫 신변에 일이 생기면 가수금이 상속자산으로 잡혀 상속세에 포함될 여지도 있다.

가수금을 자본금으로 출자전환

대표가 법인 통장에 입금하는 경우는 자본금의 추가 증자나 대여금이 필요할 때다. 증자는 자본 계정이 늘어나는 형태가 되기 때문에 기업 신용등급에 좋은 영향을 준다. 대여금은 법인 재무제표에서 부채의 개념이다. 따라서 대여금이 많으면 기업 신용등급에 나쁜 영향을 끼칠 수 있다.

★ 가수금이 늘어나면 매출 누락을 의심받을 수 있으며
기업 신용등급에도 부정적이다.
따라서 가수금이 늘어나지 않도록 해야 한다.

따라서 가수금이 많이 늘어난 경우에는 가수금 출자전환으로 자본금을 늘리고, 가수금 액수를 줄여서 기업 신용등급을 개선하는 것이 바람직하다.

출자전환 시 주의할 점이 있다. 대표자의 가수금만 자본금 출자전환하면 기존 주주들의 주식 가치가 떨어질 수 있다. 이 경우 증여의제 및 법인과 특수관계자인 대표자의 이익에 대한 부당 행위 계산 부인 등으로 관계 당국과 대립이 생길 수 있다. 따라서 절차상 문제가 없도록 전문가와 상의하는 것이 좋다.

31

▼
▼
핵심 임직원의 성과를
보상하는 방법에는
어떤 것이 있을까?

중요한 핵심 인력이 오래 근무하게 하려면 주인의식을 갖도록 성과를 나누는 시스템을 잘 갖춰야 한다. 스톡그랜트, 스톡옵션, 기여승수제도, 유족보상금제 등 다양한 제도를 활용하면 좋다. 핵심 임직원이 장기근속하게 하는 것은 사장이 해야 할 중요한 일 중 하나다.

"제가 운영하는 엔터테인먼트 회사에 프로듀싱 능력이 뛰어난 직원이 있습니다. 이 직원이 소문이 나서 동종 업체의 스카우트 제의를 계속 받고 있습니다. 그와 함께 오랫동안 일했으면 하는데 어떤 방법이 좋을까요?"

IT나 서비스, 엔터테인먼트 업종 경우에는 인적자원이 매우 중요한 역할을 한다. 핵심 인원의 노하우가 매출에 직접적인 영향을 미치기 때문에 그들의 퇴사나 이직은 큰 손실로 이어질 수 있다. 여건 상 모든 임직원에 대해서 충분한 보상을 하기 힘든 중소기업에서는 전략적으로 핵심 임직원에 대한 투자를 늘리는 것이 효과적이다. 그럴 때 많이 사용되는 것이 동기부여가 될 수 있는 성과보수제도 이다.

1. 스톡그랜트

스톡그랜트(Stock Grant)는 회사 주식을 직접 주는 인센티브다. 현재 회사가 보유하고 있는 주식을 받기 때문에 자신의 몸값을 보장받을 수 있으며 즉시 현금으로 교환할 수도 있다.

스톡그랜트는 회사에 현금이 없이도 동기부여 및 성과 보상이 가능하며, 주주가 되는 것이므로 회사에 대한 주인의식을 높일 수 있다는 장점이 있다. 다만 지분이 분산되면서 발생하는 소수주주권에 관한 문제의 여지가 있으므로 신중하게 진행할 필요가 있다.

2. 스톡옵션

스톡옵션(Stock Option)은 상법상으로 주식매수선택권이라고 한다. 주식매수선택권이란 임직원에게 정해진 기간(행사 기간)에 미리 정한 금액(행사가액)으로 자기 주식 또는 신주를 회사로부터 매수할 수 있는 권리이다. 스톡그랜트가 주식을 바로 지급하는 것과 달리 회사로부터 주식을 매수할 권리를 받는 것이다.

장점은 회사의 지분을 낮은 가격에서 살 수 있는 권한을 얻고 회사가 성장하면 그에 따른 이익을 함께 누릴 수 있어 주인의식을 높일 수 있다는 사실이다. 회사 입장에서는 당장 주식이 이동되지 않아서 직원이 중도에 퇴사할 경우 주식을 다시 회수하는 문제 등을 방지할 수 있다. 그래서 가장 많이 이용하는 제도이기도 하다.

◎ 스톡옵션 운영방식

부여 시점	스톡옵션 계약 3년 후 1주당 5천 원으로 행사가능한 주식 1천 주 부여	주식을 지급한 것이 아니라 현재가 주식매수 권한을 부여
행사 시점	3년이 지난 어느 기간 안에 그때 당시의 주가가 아닌 부여 시점의 가격으로 주식매수 가능	예를 들어 시가가 1주당 10만 원이라고 하더라도 5천 원 × 1천주 = 5백만 원으로 취득가능
이익	행사 시점에 회사가 주식가격이 상승되었으면 현재 주식가격과 부여 시점의 가격 차이에 대한 부분이 이익	행사 시점 주식 가격 : 1억 원 부여 시점 주식 가격 : 5백만 원 9천5백만 원 시세차익

3. 기여승수제도

기여승수제도(퇴직금 배수제)는 장기근속 시 근로기준법상의 퇴직금 최저 기준보다 더 높은 지급 배수(기여승수)를 적용하여 퇴직금을 지급하는 것이다. 장기근속할수록 더 많은 혜택을 받을 수 있으며, 임직원에게 오랫동안 회사를 다니면 노후가 보장된다는 신뢰를 줄 수 있다.

회사 입장에선 당장 들어가는 비용이 적으며, 직원도 향후 퇴직소득세로 처리되면 급여나 상여로 처리될 때보다 소득세를 절약할수 있다. 급여로 지급되는 구조가 아니라서 4대 보험료 상승도 신경 쓸 필요가 없다. 또한 퇴직 시에 연금처럼 노후 준비를 할 수 있기 때문에 서로에게 도움이 되는 좋은 제도다.

4. 유족보상금제도

유족보상금제도는 임직원에게 업무상 재해가 발생했을 경우 유가족에게 보상금을 지급해 생계를 대비하도록 하는 제도다. 평균임금의 1,300일 치와 장례비를 합친 유족보상금은 연봉의 3.7배가량 된다. 연봉이 1억 원이라고 하면 사고 발생 시 유가족에게 3억7천만 원이 지급된다.

◎ 유족보상금제도 예

직 위	사망의 원인	보상금	장의비
대표이사 사내이사 감사	업무상 사망 (재해, 질병, 일반 등)	평균 임금의 1,300일	평균 임금의 120일
	업무 외 사망 (재해, 질병, 일반 등)	평균 임금의 1,300일 50%	평균 임금의 120일

5. 복리후생제도의 활용

소득세와 비과세 항목을 적절히 활용하여 절세 혜택을 주거나 복지를 상향하는 등의 복리후생제도를 활용하는 것도 방법이다. 대표적으로 사택 제공(법인이 임대차계약을 통해 전세나 월세를 얻은 후 임직원에게 제공), 차량 지원(지급 기준에 따라 차량의 직접적 지원 또는 차량유지비 제공), 교육비 지원(업무와 관련된 교육비를 지급하여 더 나은 고급인력으로 배양), 법인카드 지급(업무와 관련된 항목만 비용으로 인정) 등이 있다.

이 외에도 직무발명보상제, 임원기사 제공 서비스, 헬스클럽 회원권 등도 많이 활용한다. 다양한 제도를 통해 임직원이 주인의식을 갖고 오래도록 일하게 하는 것이 사장의 중요한 임무이다.

32 ▾ 소수주주권,
직원에게 주식을 줄 때
주의해야 할 것은?

핵심 답변

소수주주권이란 최소 1%의 주식 지분을 가지고 있는 주주의 권리를 말한다. 이 권리로 주주대표소송권, 검사인선임권, 유지청구권 등을 행사해 회사 운영을 감시할 수 있다. 주식 지분이 3% 이상 되면 회계장부열람등사청구권을 가질 수 있다. 소수주주권은 작은 지분으로도 회사 운영에 강력한 이의를 제기할 수 있다.

IT 회사를 운영했던 A대표가 대표이사직에서 물러난 후 회사 지분까지 모두 다른 사람한테 넘기고 업계를 떠났다는 소식을 들었다. 그 이야기를 듣고 A대표가 그동안 개발 중인 게임 엔진이 있는데, 출시되면 대박 난다고 했던 것이 떠올랐다. 그 개발이 잘되어 좋은 가격에 회사를 매각한 것인가 추측했는데, 전혀 아니었다. 전후 사정은 충격적이었다.

A의 회사에서 함께 게임 엔진을 개발했던 직원 몇 명이 다른 회사로 스카우트되어 떠났다. 이에 A대표는 기술 유출을 의심하여 해당 직원들을 고소했다. 문제는 A대표가 과거 그 직원들에게 지분을 나누어줬는데 그들이 소수주주권으로 회계장부등사청구열람권(회사의 회계장부를 열람할 수 있는 권리)을 청구한 것이었다. 회계장부상으로 A대표의 적법하지 않은 행위가 드러났다. 결국 A대표는 대표이사직을 내놓고 지분매각 압력까지 받았다. 그래서 헐값에 지분을 매각하고 급하게 외국으로 떠났다는 것이다.

A대표는 게임 엔진 개발에 무려 5년이나 열정을 쏟아부으며 고생했다. 그 과정에서 회사 운영이 어려워져 세금을 좀 줄여보려고 잘못된 판단으로 회계장부를 조작했던 모양이다. 물론 회계장부를 조작한 일은 잘못된 행위였지만 그 직원들의 행동 또한 바람직한 모습은 아니었다. 그러나 결국 A대표가 직원들의 동기부여를 위해 나누어주었던 5% 미만의 주식 지분 때문에 자신의 회사에서 쫓겨나게 된 것이다.

1% 소수주주권리의 내용

소수주주권리에는 어떤 내용들이 있을까? 주식 지분이 1%인 주주의 권리로는 대표적으로 검사인선임권, 주주대표소송제기권, 유지청구권 등이 있다. 우선 검사인선임권은 회사경영상 문제가 있거나, 회계상으로 문제가 있다고 판단될 때 법원에 검사인을 선임하여 회사를 점검할 수 있는 권한이다. 주주대표소송제기권은 회사에 대해서 업무를 진행했던 이사가 잘못을 했을 경우 그 이사를 상대로 소송을 제기할 수 있는 권리다.

유지청구권은 정관에 위배되는 행위로 주주나 회사에 손해를 준다고 판단될 경우 소수주주들이 이사나 회사가 그런 행위를 하지 못

★ 소수주주권은 잘못된 경영을 감시하고 회사의 공정성과
이익 보호를 위한 것이지만 최악의 경우 운영에 위협이 될 수 있다.

하도록 사전에 요청하는 제도다. 대표적인 예로 특정 주주에게 배당이 치우쳐 다른 주주들이 피해를 받는다고 판단되면 그 행위에 대해 수정을 요청하는 것이다.

3% 소수주주권리의 내용

3%의 지분을 보유하는 소수주주의 권한은 어떤 것들이 있을까?

첫째, 회계장부열람등사청구권이 있다. 회사의 회계장부를 열어볼 권리가 있다는 것이다. 그러나 아무 때나 아무 이유 없이 회계장부를 열람 할 수 있는 것은 아니다. 회사의 운영진이 제대로 하고 있지 못하다는 구체적인 사유가 있거나, 현재의 업무 집행이 국가 법령이나 정관에 위배되는 중대한 사실이 발생한 경우에 가능하다.

둘째, 이사해임청구권이 있다. 이사와 같은 임원은 대표이사가 이사회를 소집해서 해임을 청구하고 등기이사인 경우엔 주주총회의 허락도 받아야 한다. 그러나 대표이사가 이사회를 소집하지 않는다면 이사회를 개최할 수 없으니 이사를 해임할 수 없게 된다. 이렇게 무언가 잘못한 일이 있음에도 불구하고 대표이사가 주주총회 소집을 하지 않는 경우 상법상 절차에 따라 소액지분을 보유한 주주가 소집청구권을 발효하여 임시총회를 소집할 수 있다. 물론 임시주주총회가 열린다고 해서 대표이사를 쉽게 해임할 수는 없지만 그만한 영향력을 행사할 수 있다는 점에 주목해야 한다.

따라서 직원에게 소액이라 하더라도 주식을 나누어줄 때는 스톡 옵션으로 주거나, 의결권이 있는 보통주가 아닌 의결권이 없는 우선주와 같은 주식을 발행하는 것도 추천한다.

Chapter 5

성장하는
기업의 사장이
알아야 할
위기 관리법

– 리스크 관리

33 ▼ 직원 단체보험을
▼ 꼭 추가로
들어야 할까?

핵심 답변

산재보험 인정 범위 확대로 회사가 직원에 대해 책임져야 할 범위가 넓어졌다. 또한 산재사고 발생 시 직원이 청구 가능한 민사상 손해배상액과 산재보험의 보상액 격차가 많이 난다. 때문에 사망이나 장애 진단 같은 큰 사고의 경우 사업주가 추가로 부담해야 하는 손해배상액이 발생하므로 단체보험에 가입하는 것이 좋다.

"산재보험에 가입했는데도 은행과 보험사에서 추가로 단체보험을 가입해야 한다고 합니다. 단체보험이 추가로 필요한가요?"

최근 이런 상담을 자주 받는다. 직원의 단체보험 가입 이슈가 늘어난 이유는 크게 두 가지다.

첫째, 2018년부터 출퇴근 중 사고도 산재 보상을 받을 수 있게 되었고 산재보험 적용도 전 사업장으로 확대되었기 때문이다. 둘째, 산재 신청 시 사업주 확인제도를 폐지해서 근로자가 자유롭게 산재를 신청할 수 있게 되었다. 그 결과 2018년 근로복지공단에 접수된 산재 신청 건수와 산재 인정 비율이 최근 10년 동안 최대였다. 즉 산재보험의 신청 범위가 커졌고 산재 보상을 신청할 수 있는 근로자의 수도 늘어났다.

산업재해란 근로 중 발생하는 근로자의 신체적·정신적 피해로 안전관리 소홀, 안전장비와 교육의 미비, 관리소홀 등 회사의 책임이 일정 부분 존재한다. 산업재해로 판단되면 요양급여, 휴업급여, 상병보상연금, 장해급여, 간병급여, 직업재활급여, 유족급여, 장의비 등으로 보상이 이루어진다. 휴업급여는 요양으로 취업을 못 할 때 지급되는 급여로 산재 근로자에게 1일당 평균 임금의 70%를 지급한다. 산재 보상은 근로자의 치료와 재활뿐만 아니라 가정 경제에 타격이 크지 않도록 지원하는 제도다.

사업재해 시 배상액 산정

문제는 산업재해의 정도가 심각한 수준일 때다. 예를 들어 근로자가 사망했거나 영구적 장애가 되어 노동력을 상실했을 경우다. 산재보험에서는 기준에 따라 장애진단금, 유족장례비 등을 지급한다. 그러나 산재보험만으로는 노동력 상실에 대한 충분한 보상이 되지 못하는 경우가 대부분이다. 그래서 근로자나 유족은 산재 사고의 직간접 원인을 제공한 회사를 상대로 손해배상 청구를 하게 된다. 국가에서도 사업주의 안전관리 소홀, 안전장비 미흡 등의 부분에 대해 사업자에게 책임을 묻는다.

산업재해가 일어나지 않았다면 근로자는 계속 일을 해서 돈을 벌 것이고 퇴직금도 받을 것이라는 전제로 유족의 손실을 측정한다. 산업재해로 인한 근로자 사망 시 사업주가 추가해야 하는 배상액을 예를 들어 알아보자.(예시 기준 : 남자 40세, 평균 급여 200만 원, 잔여근로 기간 25년, 본인과실 약 30% 산정)

① 민사상 손해배상액

- 유가족이 당한 경제적 손실 : 2억7천5백만 원
  세부사항 : 일실수익(1억7천만 원) + 일실퇴직금(3천5백만 원) + 위자료(7천만 원)

② 산재보험공단 실지급 보상액

- 신재보험 보상액 : 9천6백만 원
  세부사항 : 유족일시금(8천7백만 원) + 장의비(9백만 원)

③ 회사에 청구된 추가 배상액

- 사업주의 최대 추가 배상액(손해배상액) : 1억7천9백만 원
- 2억7천5백만 원(민사상 손해배상액) - 9천6백만 원(산재보험 보상액)

근로자의 사망으로 유가족은 약 2억7천5백만 원의 경제적 손실을 당했다고 주장한다. 산재보험이 규정에 맞춰 지급하는 보상액은 9천6백만 원이다. 유가족은 산재보험 보상액을 제외한 나머지 1억7천9백만 원을 민사상 손해배상액으로 회사에 청구한다. 회사의 책임 범위를 따져 손해배상액이 달라지긴 하지만 전체 청구되는 금액이 크기 때문에 회사 입장에서는 상당한 부담을 받게 된다.

예상하지 못한 이런 문제에 대비하는 방법 중 하나가 직원 단체보험이다. 공장이 있으면 화재보험을 들고, 차량이 있으면 자동차보험에 가입해야 한다. 마찬가지로 근로자가 있으면 의무인 산재보험 가입 외에도 직원 단체보험을 가입하는 것이 좋다. 가입 시에는 상해 및 사망 보장을 주 내용으로 하는 보험에 가입하는 것을 권한다.

34 ▾ 경조금
지급 규정과 비용 처리는
어떻게 해야 할까?

핵심 답변

회사를 운영하다 보면 거래처와 내부 근로자의 경조금을 지급할 일이 발생한다. 거래처 경조금은 지출 사실이 확인되면 20만 원까지 적격 증빙자료 없이 비용 처리가 가능하다. 근로자 경조금도 사회통념상 타당한 범위 내에서 지출증빙만 되면 비용 처리가 가능하다.

회사가 규모가 커지면 거래처도 늘고 직원도 늘어난다. 따라서 경조금 지출도 적지 않은 부분을 차지한다. 경조금에 대한 정확한 기준을 잡지 않으면 비용 처리뿐만 아니라 직원 복지에도 문제가 생길 수 있다.

경조금을 지급해야 하는 상황과 종류는 다양하다. 회사 입장에서는 크게 두 가지로 나눌 수 있다. 첫째 거래처에 지급하는 경조금이다. 결혼이나 부고 경조금이 대부분이고 그 이외에 현물로 전달하는 선물이 주를 이룬다. 거래처 경조금은 세금계산서나 카드 영수증 같은 적격 증빙자료를 제출하기가 어렵다. 나중에 보면 증빙자료도 적당하지 않아 대표이사의 가지급금으로 처리되는 경우가 허다하다. 가지급금은 대표이사 입장에서도 회사 입장에서도 세 부담을 늘리기 때문에 최대한 가지급금 형태가 아닌 제대로 된 방식으로 비용처리하는 것이 좋다.

외부 경조금은 접대비 항목으로 처리

거래처 경조금은 손익계산서 항목 중 접대비 항목으로 인정받을 수 있다. 접대비의 인정 범위는 회사 매출에 따라 달라진다.

- 매출 100억 원 이하 기업의 접대비 한도
  연 3,600만 원 + (총 매출 × 30/10,000)

예를 들어 회사 연간 총 매출이 50억 원이라면 접대비 비용 인정 한도액은 5,100만 원이다.

- 연 3,600만 원 + (50억 × 30/10,000) = 5,100만 원

매출 50억 원이 넘고 거래처가 수십 개가 넘는 기업이라면 거래처 경조금 비용이 적지 않다. 그런데 현장에서 컨설팅을 하다 보면 재무제표 손익계산서의 접대비 금액이 대부분 아주 적다. 접대비가 적은 회사도 있지만 적격 증빙이 어렵다는 이유로 경조금 지출을 꼼꼼하게 비용 처리를 하지 않는 것이다. 국가에서도 경조금에 영수증을 수취할 수 없다는 점을 알고 있어 적격 증빙자료 대신 대체 증빙자료를 일부 인정한다.

경조금 액수가 20만 원 이하일 땐 지출 확인을 할 수 있는 청첩장이나 장례식 부고장, 돌잔치 초대장 등 경조 내용이 있는 자료를 챙겨서 지출결의서와 함께 보관하면 비용으로 인정받을 수 있다.

◎ 경조금 액수에 따른 비용 처리 요건

거래처 경조금 액수	비용 처리 요건
20만 원 이하	세금계산서, 신용카드 영수증 등 적격 증빙이 없이도 지출 사실이 확인되면 비용 인정
20만 원 이상	세금계산서, 신용카드 영수증 등 적격 증빙이 있는 경우에만 비용 인정

내부 경조금은 복리후생비 항목으로 처리

내부 근로자의 경조금은 지출계정에서 복리후생비 항목으로 처리하면 된다. 복리후생비는 접대비처럼 금액 한도가 있지 않다. 다음 두 가지 규정과 사회통념상의 한도를 넘지 않는다면 비용 처리하는 데 문제가 없다.

• 직원 경조금의 복리후생비 처리 규정
　① 사규, 취업규칙 등 회사 내에 지급 규정이 있을 것
　② 사회통념상 타당하다고 인정되는 범위 내의 금액

---

　②번의 사회통념상 타당하다고 인정되는 범위 내 금액을 법에서는 이렇게 말한다. "법인이 임원 또는 사용인에게 사회통념상 타당하다고 인정되는 범위 안에서 지급되는 경조사비는 손금에 산입하는 것이나 동 범위를 초과하는 금액은 손금에 산입하지 아니한다. 이 경우 사회통념상 타당하다고 인정되는 범위는 경조사비 지급 규정, 경조사비 내용, 법인의 지급능력, 종업원의 직위, 연봉 등을 종합적으로 감안하여 사실판단할 사항이다."

　경조금을 지급받는 직원의 직위가 높고 회사의 규모가 크고 행사가 회사에 끼칠 중요성이 높고 회사의 사규에 각 직위별, 근무연수, 행사의 종류마다 지급되는 세부 지급 규정이 있다면 적격 증빙자료가 없더라도 건당 20만 원이 넘는 금액을 경조금으로 지급해도 전액을 다 비용 처리할 수 있다는 것이다. 물론 이 경우에도 관련 행사에 대한 증빙자료를 지출결의서와 함께 보관해야 한다(∵ 부록에 있는 '경조금 지급 규정' 및 '경조금 지급 신청서' 양식 참고).

35 ▼ 직원을 위한
▼ 포상제도,
어떻게 운영하면 좋을까?

핵심 답변

직원 포상제도는 회사를 발전시키는 중요한 동기부여 아이템 중 하나다. 실적 우수, 장기근속, 각종 공로상, 기술경진대회 등에 대한 포상이 대표적이다. 각종 포상금은 내용에 따라 근로소득이나 기타소득으로 처리한다.

직원 포상제도를 잘 활용하면 매출 증대와 조직문화 발전, 기업 성장에 큰 도움이 된다. 그래서 많은 기업이 발전에 기여한 임직원을 평가해 주기적으로 상을 주고 포상금을 지급한다. 포상금의 비용 처리는 법인세법에서 특별히 정하고 있는 것이 아니라면 다음과 같이 인정된다.

"그 법인의 사업과 관련하여 발생하거나 지출된 손실 또는 비용으로서 일반적으로 인정되는 통상적인 것, 수익과 직접 관련된 것일 때 비용으로 인정한다(법인세법 제19조)."

　법인세법에서도 정의하듯이 회사에서 지출하는 포상금 중 사업과 관련된 포상이라면 당연히 법인의 비용으로 인정된다.

상을 받았으니
더 열심히 해야지!

★ 포상제도는 직원의 자긍심과 근로 의지를 높이는 좋은 아이템이다.
직원에게 지급되는 포상금은 비용으로 인정받는다.

포상금의 세금은 어떻게

　회사 입장에서는 포상금을 비용으로 처리할 수 있다. 직원 입장에서는 포상금 내용에 따라 세금 종류가 달라진다. 예를 들어 모범사원 선정 축하금, 공로금, 위로금 등 노고를 치하하거나 감사의 의

미를 담은 포상금의 경우 근로소득으로 처리된다. 국제경진대회, 외부기관 수상, 기술박람회 출품 등 회사의 매출이나 브랜드 상승에 기여한 부분에 대한 포상금은 기타소득으로 처리된다.

포상 규정은 명확하게

포상제도를 제대로 운영하기 위해서는 포상 규정을 명확하게 정해놓는 것이 좋다. 포상의 종류, 포상의 대상, 포상의 심사기준 등 기본적인 내용과 세부 사항으로 포상 규정을 구성한다(∵ 부록에 있는 '포상 규정' '추천서' '공적조서' '공적심사조서' 양식 참고).

잘하는 직원, 오래 근무한 직원 등 회사의 성장과 발전을 위해 노력하는 이들을 치하하고 적합하게 포상하는 것은 회사 성장의 가장 큰 밑거름이 된다. 《칭찬은 고래도 춤추게 한다》라는 책 제목처럼 잘하는 사람에게 거기에 맞는 합당한 시상을 하고, 오래 근무한 분들의 노고를 치하하는 적절한 포상제도를 통해 직원들의 사기를 높이는 것도 사장이 해야 하는 중요한 역할이다.

36 ▼ ▼ 주식 지분이동, 잘못하면 세금폭탄 맞는 이유는?

핵심 답변

거래가 거의 없는 비상장주식이라도 국세청 계산법에 의해 주식 가격이 평가되어 있다. 그 가격을 무시하고 처음 주식 발행 가격으로 주식을 거래해 현재 평가 금액보다 너무 높거나 너무 낮을 경우 그 차액에 대한 증여세나 양도소득세가 추가로 부과될 수 있다. 따라서 지분을 이동할 때는 1주당 가격을 확인한 후 해야 한다.

    법인 대상 경영컨설팅에서 주식은 가장 많이 다루는 주제 중 하나다. 법인 기업 대부분이 주식에 대한 이해가 부족해 크고 작은 문제가 끊임없이 발생한다. 비상장주식 가치평가, 차명 주식, 자기 주식, 이익 소각, 주식 양도제한, 소수주주권, 종류 주식, 주식매수선택권 등 법인 관련 복잡한 문제 대부분은 주식에 관한 것이다. 그중 가장 빈번하게 벌어지고 어느 시점에 이르면 수습도, 조정도 안 되는 문제 중에 하나가 바로 잘못한 주식 지분이동 문제다.

지분이동의 사례

인천 남동공단의 한 제조사 사례로 잘못된 지분이동을 살펴보자.

제조사의 대표는 장성한 자녀에게 자신이 가진 주식 지분의 30%를 이동했다. 그런데 잘못된 방식으로 진행해서 세금이 엄청 많이 나오게 되었다. 이 회사는 약 15년 전에 자본금 5천만 원으로 설립했다. 10년 전 최초 주식 발행가는 1주당 5천 원이었고 지분 100% 모두 대표가 가지고 있었다. 이후 회사의 매출에는 크게 변동이 없었으나 공장 부동산 가격이 급격히 올랐다. 그러나 재무제표상으로는 구매가(장부가) 그대로이다 보니 대표자도 회사의 비상장주식 가치가 상승된 것을 인지하지 못했다. 그리고 대표는 15년간 사업에만 전념하며 배당을 한 차례도 받지 않고 있었다.

하루는 금융 세미나에서 '지분을 분산해서 배당하면 여러 이득이 있으며 향후 상속세도 줄일 수 있다'는 이야기를 들었다. 이번 기회에 자녀에게 지분을 좀 넘기기 위해 주변 지인에게 물어보니 '자녀에게 증여하면 세금이 많이 나올 것이다. 대신 양도하면 좀 낮은 가격으로 넘길 수 있다'고 했다. 아들에게 현금이 약 2억 원 정도 있어 대표는 그 금액에 주식을 양도하기로 했다. 실제 시가가 1주당 50만 원이 된 비상장주식을 부동산 변동 가격도 반영하지 않은 채 기존 장부가로 계산하여 1주당 7만 원에 거래했다. 대표와 아들은 양도계약서를 쓰고 실제로 돈도 주고받았다.

그렇게 대표는 회사 주식 지분의 30%(시가로 약 15억 원 정도 되는 지분)를 2억1천만 원을 받고 아들에게 지분이동을 하였다. 그리고 대표는 거래가(7만 원)에서 처음 주식 액면가(5천 원)의 차액인 1주당 6만5천 원, 거래 주식수 3천 주에 대한 양도소득세(당시 10%, 1,900만 원)을 자진신고하고 지분이동을 종결하였다. 그런데 약 7개월 지난 뒤에 관할 세무서에서 주식 변동에 대한 소명 조사가 나왔다. 그 결과 아버지와 아들 모두에게 세금이 추가 부과되었다. 아버지에게는 추가 양도소득세가 아들에게는 증여세가 나온 것이다.

양도소득세와 증여세가 추가로 발생한 이유

정상적으로 주식 양도계약서도 쓰고 양도대금도 주고받았으며 양도소득세 신고까지 모두 했는데 왜 이런 일이 발생했을까?

비상장주식이 아무리 거래가 없다고 해도 국가에서는 그 주식의 가치를 매년 보충적 기업 가치평가라는 제도를 통해 평가한다. 그리고 '주식등변동명세내역'이라는 신고제도로 매년 주식이 변동되는 것을 파악한다. 이 제조사처럼 큰 액수의 주식이 자녀에게 아주 낮은 금액으로 양도되었다면 국가에선 당연히 주목하게 된다.

관할 세무서는 특수관계인 아버지와 아들이 시가보다 현저히 낮은 금액으로 주식을 양도했으므로 양도소득세를 추가로 내야 한다고 판단한 것이다. 따라서 거래가 주당 7만 원이 아닌 실제 부동산 시가를 반영한 1주당 50만 원으로 계산하여, 이동한 주식 3천 주의 거래 금액 15억 원의 10%(당시 비상장주식의 거래 시 양도소득세율, 현재는 20%)에 대한 양도소득세 1억5천만 원을 추가로 부과하였다.

또 현행 세법은 특수관계자에게 시가보다 낮은 가격으로 자산을 양수한 경우 시가와 대가의 차액이 30% 이상 차이가 나는 경우 또는 그 차액이 3억 원을 초과한 경우 증여세 과세 대상으로 본다. 그

★ 거래가 되지 않는 비상장주식에도 시가가 있다. 사람의 건강검진처럼 설립 후 3년이 지났다면 1년에 1회 가치평가를 받는 것이 좋다.

러다 보니 아버지가 양도소득세를 낸 것 이외에 아들은 총 15억 원 가치의 주식을 시가보다 훨씬 낮은 가격인 2억1천만 원에 구매했기 때문에 15억 원에서 실제 지급한 2억1천만 원을 공제한 나머지 금액에서, 시가의 30%인 또는 3억 원 중 적은 금액인 3억 원을 뺀 나머지 9억9천만 원을 증여받은 것으로 보아 증여세와 가산세를 합쳐서 약 3억 원에 세금을 추가로 부과한 것이다.

1년에 1회 비상장주식 가치평가 실시

이렇듯 지분이동은 상당히 신중해야 한다. 특히 특수관계자 간에 주식 거래는 더욱 그러하다. '위에 같은 이야기를 듣고 회사가 15년이나 되어 기업 가치가 높아져서 그런 것이고, 5년~6년 정도라면 별 문제 없겠지'라고 생각하면 오산이다. 대한민국의 현행 비상장주식 가치평가 제도는 설립하고 3년 미만까지는 법인의 순자산가액만 가지고 평가를 하다가, 설립 후 3년이 지나면 최근 3년간의 순손익액과 법인의 순자산가액을 3대 2로 가중평균하여 계산하고 있다. 그래서 설립 후 3년 뒤에 기업 가치평가 방법의 기준이 변경되면 업력이 짧아도 최근 당기순이익이 높다면 예상하는 것보다 훨씬 높은 평가 금액이 나올 때가 많다. 법인 설립 후 3년이 지났다면 사람이 매년 건강검진을 받듯이, 1년에 한 번은 비상장주식 가치평가를 받아보는 것이 사장이 해야 할 법인 경영 관리의 기본이다.

37 ▼ 성장가능성이 높을 때
▼ 주식 지분을 사전 증여
▼ 하라는 이유는?

핵심 답변

법인을 설립할 때 지분 100%를 소유한 대표는 향후 회사의 발전 가능성에 따라 주식 지분을 가족에게 증여하는 것이 여러 면에서 유리하다. 기업이 더 발전하면 주식 이동으로 많은 세금이 발생할 수 있기 때문이다.

　기업의 대표는 사업이 잘 영위되어 안정이 되면, 리스크를 분산하는 관리를 해야 한다. 그 대표적인 것이 주식 지분의 분산이다. 비상장주식 가격이라는 것이 회사를 운영하고 3년이 지나면 기본적으로 당기순이익 1억 원만 발생해도 최초 자본금 대비 최소 7배~8배 이상 가치 상승을 보인다. 또한 많은 법인이 재투자를 위해 초기에 배당을 잘 시행하지 않다 보니 미처분된 이익잉여금으로 기업의 순자산가치도 지속적으로 상승한다. 그러다가 어느 정도 회사가 커진 후에 신중하지 않은 지분이동으로 거액의 세금폭탄을 맞는 일이 흔하게 일어난다.

사전 증여로 절세전략과 경영전략을 짜라

법인이 어느 정도 궤도에 올라갔다고 판단되면 주식 지분을 가족에게 분산하는 것이 좋다. 과거에는 지분을 가지고 있으면 막연히 '문제가 될 수 있다'라는 생각에 자식에게 피해를 주지 않기 위해 분산하지 않고 혼자 지분 100%를 보유하는 사장도 많았다. 그러나 요즘은 경영컨설턴트들의 계도로 이런 경향이 상당히 줄었다. 일부러라도 지분 일부를 자녀에게 증여하고자 하는 대표도 많이 늘었다.

기업 가치나 자산 가치가 낮을 때 지분 일부를 가족에게 사전 증여하면 대표 입장에서는 거대한 상속세 부담을 낮출 수 있다. 또한 주주가 늘어남에 따라 각종 배당 시에도 절세를 계획할 수 있다. 무엇보다도 기업 가치가 올라가기 때문에 사전 증여는 좋은 경영전략이 될 수 있다.

H대표의 사례를 보자. H대표는 자본금 5천만 원, 액면가 5천 원의 주식 1만 주로 4년 전에 기계 설비를 제작하는 회사 B산업을 설립했다. H대표는 몇 년간 일에 매진하였고 사업은 어느 정도 궤도에 올랐다. 평균 매출이 20억 원이었고 당기순이익은 평균 1억~2억 원이 되었다. 그러나 H대표와 이야기를 나누다 보니 법인에 대

한 운영 관리가 전혀 진행되고 있지 않았다. 주주총회도 열지 않고 있었고 당연히 배당도 하지 않았다. 설립 4년이 지난 시점인데도 비상장주식 평가 금액이 얼마인지 모르고 있었다.

우선 회계법인을 통해 비상장주식 평가 금액을 확인하기로 하고 검토해 보니 직전 연도에 당기순이익이 잘 나와서 1주당 가치가 약 8만 원 정도 되었다. 4년 전 발행 때보다 16배가 상승한 셈이다. H 대표의 B산업은 앞으로의 전망도 좋아 기업 가치는 점점 상승할 것이다. 그래서 이번 기회에 지분 일부를 이동할 것을 추천했다. 자녀가 아직 대학생이라 소득 증빙이 원활하지 않기 때문에 전체 기업 주식 지분 중 10% 정도만 사전 증여를 진행했다. 이때 발생되는 증여세를 계산하면 다음과 같다.

• H대표의 증여세 계산

① 증여대상 : B산업 비상장주식 1,000주

② 증여금액 : 8,000만 원(1주당 8만 원)

③ 자녀공제 : 5,000만 원(직계비속 증여세 공제액)

④ 증여과세표준액 : 3,000만 원

⑤ 증여세율 : 10%(과세표준 1억 원 미만 10%)

⑥ 증여세 : 300만 원

⑦ 자진납세 세액공제 : 3%

⑧ 최종 증여세 납부세액 : 291만 원

만약의 경우에 대비하는 사전 증여

사전 증여를 하지 않은 상태에서 대주주에게 사고가 발생할 경우를 가정해 보자. 기업이 계속적으로 발전해서 대표자 사망 시 기업 가치가 50억이 넘은 상태라면 납부해야 할 상속세만 해도 상속재산에 50%를 적용받게 된다. 사전 증여받은 주식의 가치가 전체 지분의 10%인 5억 원이라고 하면 세금은 약 2억5천만 원이 될 것이다. 사전 증여로 낸 291만 원의 증여세 대비 약 80배에 이르는 금액이다. 따라서 성장하는 기업은 주식 가치가 더 상승하기 전에 사전 증여를 해서 자산을 분산해 놓는 것이 좋다.

증여세는 어떻게 해결할까?

증여세는 증여를 받는 자녀가 납부해야 되는데 자녀가 소득이 없으면 세금을 납부할 능력도 없다. 현금으로 증여를 받았다면 증여받은 현금으로 세금 납부를 하면 되지만 주식으로 증여받으면 이를 처분하지 않는 한 세금을 납부할 방법이 없다. 그렇다고 세금을 안 낼 수도 없으니 결국 부모가 대신 납부하게 된다. 이처럼 자녀 대신에 납부한 증여세는 부모가 증여한 것으로 인식해 당초 증여한 재산가액에 대신 납부한 증여세 부분까지 합산하여 추가로 과세된다.

이를 모르고 자녀에게 주식을 증여한 후 증여세 신고와 세금 납부까지 자신이 다 마친 후 증여 문제가 종결되었다고 생각한다. 그러다가 나중에 세무서로부터 증여세를 더 내야 한다는 고지서를 받는 경우가 있다. 그러므로 자녀가 증여세를 납부할 소득이 없다면 증여세 상당액만큼의 현금을 더하여 증여해야 증여세 문제를 깨끗이 해결할 수 있다. 나중에 증여세를 추징당하게 되면 그에 상당하는 가산세까지 물어야 하므로 부담만 더 늘어나게 된다.

38 ▼ 부동산 구매,
▼ 법인으로 할까?
▼ 개인으로 할까?

핵심 답변

부동산 구매 상담을 할 때 많이 하는 질문이 구매 주체를 법인으로 할 것인지, 개인으로 할 것인지에 대한 것이다. 부동산 구매는 구매 주체, 구매 용도, 대출 여부, 관련 세금 등등 많은 사항을 검토한 후에 신중하게 결정해야 한다.

사업이 안정권에 들어서면 사장은 자연히 부동산 쪽으로 시야를 돌리기 시작한다. 처음에는 개인적인 아파트 구매부터 시작하고 그 다음은 사업용 부동산에 관심을 둔다. 사무실이나 공장을 확장하거나 또는 새 부지를 구매하고자 한다. 대한민국처럼 자산 증식 방법으로 부동산에 열광하는 나라도 흔하지 않다. 인구 통계학적으로 볼 때나, 부동산 가처분소득 대비 부동산 부채율 등을 볼 때 부동산 가격은 과하게 상승되어 있다. 그러나 사업을 하는 사장 입장에서는 재테크를 위한 투자든, 사업을 위한 투자든 부동산 구매에 신경 쓰지 않을 수는 없다.

부동산 구매 체크리스트

부동산을 개인 명의로 구매할 경우에는 개인이 구매 대금을 지불하고 양도차익에 대한 양도소득세만 내면 세금이 종결된다. 양도소득세 계산이 다소 복잡하긴 하지만 개인 구입은 비교적 간단하다.

◎ 양도소득세 과세 표준 및 세율(2023년 기준)

양도소득세 과세표준 기본세율

과세표준	세율	누진공제
1,400만 원 이하	6%	
1,400만 원 ~ 5,000만 원 이하	15%	126만 원
5,000만 원 ~ 8,800만 원 이하	24%	576만 원
8,800만 원 ~1.5억 원 이하	35%	1,544만 원
1.5억 원 ~ 3억 원 이하	38%	1,994만 원
3억 미만 ~ 5억 이하	40%	2594만 원
5억 원 ~ 10억 원 이하	42%	3,594만 원
10억 원 초과	45%	6,594만 원

단기양도 소득세율

구분	보유기간	세율
분양권	1년 미만	45%
	1년 이상	기본세율(6~45%)
주택 입주권	1년 미만	45%
	1년~2년 미만	기본세율(6~45%)

법인의 부동산 구입

법인 대표의 경우 개인적으로 보유하고 있는 현금자산보다 법인 통장에 보유하고 있는 자산이 더 많다. 그래서 부동산 구입 시 법인 명의로 진행한다.

법인 명의 부동산 구입 시 발생하는 문제는 주로 세 가지다.

첫 번째는 가장 흔한 것으로, 법인에서 현금을 인출해 개인 명의로 아파트 같은 부동산을 구매하는 것이다. 이때 대부분은 가지급금 형태로 처리되고 가지급금 인정이자가 발생한다. 엄밀히 따지면 법인 자금을 규정 없이 유용한 것이기 때문에 불법 행위라고 볼 수 있다.

두 번째는 법인 명의로 부동산을 구입하더라도 투기성 행위라면 세제적인 불이익을 받을 수 있다는 점이다. 정부는 법인이 사업용 자산 외에 잉여자산으로 부동산에 투자하는 것을 좋아하지 않는다.

특히 수도권 과밀억제지역의 개인용 주택이나 아파트 거래는 더욱 그러하다. 법인 명의의 고가 아파트를 법인의 특수관계자가 개인 용도로 사용하는 경우도 종종 있는데 이 역시 제재 대상이다.

세 번째는 세금 문제이다. 양도소득세를 적게 내기 위해 법인으로 구매하는 경우가 많다. 개인은 부동산 매매 시 양도차익에 대해 최소 6%에서 최대 45%까지 양도소득세를 납부한다. 법인은 부동산 구입 시 법인세로 일괄 처리한다. 따라서 부동산 매각으로 이익을 취한 금액에 대한 법인이 내는 법인세는 일반적으로 개인의 양도소득세보다 적다. 그러나 법인의 이익잉여금을 주주가 배당받을 때 배당 소득세를 한 번 더 내야 한다는 것도 알아야 한다. 부동산의 가격 상승이 매우 클 것이라고 예상이 되면 75% 이상의 양도소득세를 내는 것보다 법인으로 구매하는 것이 낫기는 하다.

만약 부동산 구입을 위해 대출이 필요하다면 일반적으로 법인 명의로 더 많은 대출을 받을 수 있다. 또한 대출이자, 인테리어, 기타 들어간 법무 비용 등에 대해서 대부분 비용 처리를 할 수 있다.

법인으로 부동산 구매 시 장점

① 다주택자 양도소득세 중과를 적용받지 않는다.

② 법인세율이 양도소득세율보다 일반적으로 낮다.

③ 필요경비 범위가 넓다(인건비와 사업장 임대료, 인테리어, 차량유지비, 비품구입비, 대출이자 등).

④ 대출이 개인보다 유리하다. 대표의 신용도에 따라 최대 80%
까지 가능하다.

법인으로 부동산 구매 시 단점

① 비사업용으로 쓰는 토지와 주택에 대해서는 법인세에 추가로
10%를 가산한다.
② 법인은 장기보유특별공제 혜택을 받을 수 없다.
③ 법인은 비과세 규정을 적용받지 못한다(1가구 1주택 구매 시에도
적용받지 못함).
④ 자본금이나 이익금을 개인이 함부로 유용할 수 없다.
⑤ 수도권 과밀억제지역에서 설립된 지 5년 이내의 법인은 취득
세 중과 적용된다.

부동산 구매 시 취득세

취득세는 부동산을 취득한 날로부터 60일 이내(상속은 상속개시일
이 속하는 달의 말일부터 6개월 이내)에 신고 · 납부하여야 한다. 신고가
늦으면 신고불성실가산세 20%와 납부불성실가산세가 추가된다.
취득세율은 개인과 법인에 따라 달라진다. 건물 취득세율은 개인
은 최대 4.6%지만, 법인(수도권 과밀억제지역, 설립한 지 5년 미만)은 최
대 9.4%까지 내야 한다. 초기 사업장이라면 부동산 취득세 면제 혜

택이 있으며 구입 부동산이 법인 사무실 소재지인 경우 과밀억제지역이 아니라면 중과세를 피할 수 있다.

◎ 부동산 취득세(2023년 기준)

부동산 및 취득의 종류			취득세	농어촌특별세	지방교육세	합계
주택[유상 취득]	6억 이하	85㎡ 이하	1.0%	–	0.1%	1.1%
		85㎡ 초과	1.0%	0.2%	0.1%	1.3%
	6억 초과 9억 이하	85㎡ 이하	아래식 참조	–	아래식 참조	아래식 참조
		85㎡ 초과		0.2%		
	9억 초과	85㎡ 이하	3.0%	–	0.3%	3.3%
		85㎡ 초과	3.0%	0.2%	0.3%	3.5%
토지 및 건물	유상 취득	주택 외	4.0%	0.2%	0.4%	4.6%
		농지	3.0%	0.2%	0.2%	3.4%
	무상 취득	증여	3.5%	0.2%	0.3%	4.0%
		상속 농지	2.3%	0.2%	0.06%	2.56%
		상속 농지 외	2.8%	0.2%	0.16%	3.16%
	원시 취득 : 신축		2.8%	0.2%	0.16%	3.16%

취득세율(%) = (취득상시가액 × 2/3억 – 3) × 1/100

다주택자 및 법인 취득세

구분		총 주택수	비조정지역	조정지역
개인	무주택자의 취득	1채	1~3%	1~3%
	1주택자의 취득	2채	1~3%	8%(일시적 2주택 : 1~3%)
	2주택자의 취득	3채	8%	12%
	3주택자의 취득	4채	12%	12%
법인			12%	12%

재산세

매년 6월 1일 현재 재산의 사실상 소유자에게 주택(부수 토지 포함)분 재산세, 건축물분 재산세, 토지분 재산세로 부과되며 세금은 부동산 소재지 시장·군수·구청장이 보낸 고지서에 따라 납부하면 된다.

종합부동산세

매년 6월 1일 현재 소유 부동산을 기준으로 종합부동산세 과세 대상 여부를 판정하며, 관할 세무서장이 납부할 세액을 결정·고지하며, 직접 금융기관에 납부하거나 가상계좌, 인터넷뱅킹, 홈택스(www.hometax.go.kr) 접속을 통한 전자납부 또는 신용카드 납부도 가능하다. 고지와 관계없이 신고·납부 방식으로 납부하고자 하는 납세의무자는 납부기간(12월 1일~12월 15일)에 신고·납부하여야 하며, 이 경우 당초 고지결정은 없었던 것으로 본다.

종합부동산세가 과세되는 경우에는 종합부동산세의 20%를 농어촌 특별세로 납부하여야 한다.

과세 대상은 인별로 소유한 과세 대상별 전국 합산 공시가격이 주택은 9억 원(1세대 1주택자 12억 원), 나대지 등 종합합산토지는 5억 원, 일반 건축물의 부속토지 등 별도합산토지는 80억 원을 초과하는 경우에만 과세한다. 고령자와 장기 보유자는 납부유예 제도를 이용할 수 있다.

납부 유예 조건은 아래 조건을 모두 충족해야 한다.

① 과세일 기준 1세대 1주택

② 만 60세 이상 또는 해당 주택 5년 이상 보유

③ 연봉 7천만 원 또는 종합소득금액 6천만 원 이하

④ 종부세액 100만 원 초과

재산세의 경우는 특별한 절세 대책이 있는 것은 아니다. 다만, 재산세와 종합부동산세는 공시가격에 공정시장가액 비율을 곱하여 계산한 금액을 과세표준으로 하기 때문에 공시가격을 결정하기 전에 주민들이 열람할 수 있는 기회를 주고 있다.

그러므로 공시가격이 부당하게 높게 책정된 경우에는 이의를 제기할 수 있으며, 이의제기 결과 공시가격이 낮춰지면 세금을 조금이라도 줄일 수 있다.

39 ▼ 우리 회사도 가업상속공제
▼ 제도로 상속세를
면제받을 수 있을까?

핵심 답변

국가는 중소기업의 원활한 승계를 위해 가업상속공제제도를 운영하여, 가업을 이을 시 상속재산 중 가업승계재산에 대해서는 상속세를 최대 100%까지 공제해준다. 조건이 까다롭기 때문에 기업의 상황에 맞춰 진행 가능 여부를 살펴야 한다.

"제가 잘 아는 회사 사장님께서 얼마 전 뇌출혈로 쓰러지셨는데 곧 돌아가실 것 같습니다. 그분의 아들이 회사를 물려받아야 할 상황인데 상속세 같은 것을 전혀 준비해 두지 않았다고 하네요. 제가 알아보니 가업승계를 하면 상속세를 100% 공제해 준다고 하는데, 그게 가능합니까?"

인천에서 사업을 운영 중인 한 대표가 문의해왔던 내용이다. 중소기업은 가업을 승계받을 때 가업상속공제로 최대 100%까지 상속세를 공제받을 수 있다. 중요한 점은 승계받은 기업의 사업용 자산에 한정된다는 점이다. 예를 들어 C기업은 공장부지로 2천 평을 보유 중인데 그중 회사 사용 부지는 5백 평이고 나머지 1천5백 평은 임대를 하고 있었다. 이 경우 1천5백 평은 사업용 자산에서 제외되며 상속세 100%를 공제받기 어렵다.

기업 가치가 100억 원인 회사가 총 자산은 100억 원이고 사업과 무관한 자산이 40억 원이라고 하면 다음과 같이 가업상속공제를 받을 수 있다.

- 100억(기업 가치평가액) × {60억(사업용 자산)/100억(총 자산)}
  = 60억 원(가업상속공제액)

즉, 총 상속금액 100억 원 중 60억 원은 공제받고 40억 원만 상속재산 과표에 합산되는 것이다. 전체 기업 가치평가액이 100% 공제가 아니지만 가업승계 시 사업용 자산 100%를 상속공제해 준다는 정도만으로도 상속세 최대 요율이 50%인 우리나라에서는 매력적인 제도이다.

개인사업자와 법인의 공제 기준

법인사업자뿐만 아니라 개인사업자도 가업상속공제를 받을 수 있으며 그 기준은 다음과 같다.

① 개인사업자의 가업상속공제 기준

상속재산 중 가업에 직접 사용되는 토지, 건물, 기계 장치 등 사업용 순자산가액(사업용 자산가액 − 사업용 부채가액)

② 법인사업자의 가업상속공제 기준

상속재산 중 가업에 해당하는 법인의 주식, 출자 지분 평가액(단, 유형자산 항목 중 사업용 자산에 한함)

★ 가업승계 시 가업상속공제로 상속세를
최대 100%까지 공제받을 수 있다.

가업상속공제 조건

가업상속공제를 받기 위해서는 다음과 같은 조건을 충족해야
한다.

1. 거주자인 피상속인이 사망할 때까지 10년 이상 계속하여 경
   영한 중소기업 또는 중견기업(단, 직전 3년 평균 연매출 5,000억 원
   미만)
2. 피상속인이 법인의 최대 주주로서 그와 특수관계인에 있는 자
   의 주식 등을 합하여 발행 주식 총수의 40%(상장법인 20%) 이상
   을 10년 이상 보유할 것
3. 피상속인의 경영 기간에 따라 상속세 공제 금액 한도가 있음
   ① 피상속인이 10년 이상 20년 미만 계속하여 경영한 경우 :
      300억 원
   ② 피상속인이 20년 이상 30년 미만 계속하여 경영한 경우 :
      400억 원
   ③ 피상속인이 30년 이상 계속하여 경영한 경우 : 600억 원

가업상속공제 후 의무 이행 사항

가업상속공제를 받은 기업은 상속공제를 받고 5년 동안 사후관
리를 받게 되며, 상속증여세법에 따른 사항을 준수해야 한다. 5년

사이에 전체 자산의 40% 이상을 처분하면 안 되고, 상속인이 5년 간은 가업 일을 그만두어도 안 된다. 보유한 주식 지분이 줄어도 안 된다. 또한 고용 근로자가 상속 시 대비 5년 통상 90% 이상 유지되어야 한다는 것 등이다.

5년 동안 사업체의 수준을 유지하는 것은 쉬운 일이 아니다. 따라서 가업상속공제는 사업을 유지·발전시킬 수 있다고 판단될 때 진행하는 것이 좋다. 단순히 상속세에 대한 고민을 줄이기 위한 선택이라면 나중에 낭패를 당할 수도 있다.

PART 3

사장의 미래

Chapter 6

기업의 100년을 준비하는 수익구조 정비와 핵심자원 관리

- 시스템 · 내부 역량 관리

40 ▼ 성공하는 기업은 킬러 콘텐츠가 있다고 한다. 그런데 그게 뭘까?

핵심 답변

킬러 콘텐츠(Killer Contents)는 시장의 판도를 재편할 만큼의 영향력을 지닌 매력적인 콘텐츠를 말한다. 경쟁 콘텐츠보다 우위를 차지하면서 다른 콘텐츠들을 선도하고, 회사가 폭발적으로 성장하는 계기가 되기도 한다.

킬러 콘텐츠는 말 그대로 '죽이는 제품'이라고 할 수 있다. 즉 경쟁사의 콘텐츠보다 강력한 콘텐츠를 말한다.

인터넷의 발달로 사업을 하는 데 국경의 구분이 없어지고 있다. 여기에 나날이 발전하는 물류와 배송 시스템 덕분에 국내에는 없는 해외 상품도 직접 구매할 수 있다. 과거에는 지역적 한계로 제품의 질이나 수준이 떨어져도 어쩔 수 없이 사서 썼다. 지금의 소비자는 자신의 마음을 끄는 상품, 스토리와 가치가 있는 물건을 구매한다. 사업을 하는 사장은 자신의 회사에서 주력 제품이 어떤 것이며 그 주력 제품이 타 회사의 제품과 어떤 강력한 차별을 갖는지 확인 해야 한다. 그 차별이 바로 킬러 콘텐츠가 되는 셈이다.

무신사 이야기

킬러 콘텐츠라는 것은 놀라운 기술력만을 의미하지 않는다. 국내 인터넷 패션몰인 무신사(www.musinsa.com)의 사례를 보자. 무신사 는 2018년 기준 거래액이 4,500억 원, 매출액은 1,000억 원, 영업 이익은 269억 원이나 되었다. 영업이익률이 25%가 넘는다. 대기업 의 대형 쇼핑몰들이 적자를 보고 있거나 영업이익률이 감소하고 있 는 것과 대조된다. 무신사는 어떻게 대형 쇼핑몰보다 더 좋은 성과 를 낼 수 있는 것일까? 그것은 무신사가 가지고 있는 비즈니스 모 델 때문이다. 즉 무신사의 킬러 콘텐츠는 바로 콘텐츠 플랫폼이다.

무신사는 3,500여 개 패션 브랜드가 입점한 편집샵이다. 5천 원 짜리 저가 티셔츠부터 수백만 원짜리 명품 가방까지 1만 개가 넘는 품목을 판다. 무신사는 단지 상품을 파는 것에 그치지 않는다. 패션 웹 매거진과 온라인 브랜드 화보, 회원 470만 명이 공유하는 패션 커뮤니티를 운영한다. 고객은 무신사 매거진의 〈가방 하나 바꿨는 데 천사가 됐다?〉라는 리포트를 읽으면서 '이 가방을 사야겠다'라는 생각을 하게 된다. 무신사를 통해 단순한 쇼핑을 하는 것이 아니라 최신 트렌드를 알고 패션 정보를 얻고 패션을 좋아하는 사람들끼리 대화를 나눈다. 그리고 그 안에서 상품까지 구매한다. 이것이 '무신사 매출의 힘은 강력한 콘텐츠 플랫폼에서 나온다'고 하는 이유다. 그동안 다른 쇼핑몰들은 상품의 다양화나 가격만을 내세우며 경쟁하고 있었다. 이와 다르게 인터넷 콘텐츠 플랫폼을 활용하여 유통 비즈니스를 하는 업체들이 좋은 성과를 보이고 있다. 이들은 '콘텐츠 플랫폼 구축 → 커뮤니티 형성 → 유통 판매'의 비즈니스 모델을 가지고 있다.

또 킬러 콘텐츠가 꼭 그 판매제품 자체의 기술력만을 의미하지는 않는 것이다. 다른 대형 온라인 쇼핑몰들이 '모든 상품을 구매할 수 있다'는 상품의 다양화만을 추구해온 결과 비슷한 형태의 대형 온라인 업체들끼리 경쟁이 심화된 것이다. 그런데 무신사는 온라인 쇼핑몰을 단지 물건을 구매하고 결제하는 장소로만 이해하는 것이 아니라 그 사이트에서 요즘의 패션 트렌드를 알 수 있고, 재미를 느낄 수 있는 대화와 소통의 장으로 만들었기 때문에 다른 온라인 쇼핑몰과 차별화가 된 것이다.

킬러 콘텐츠를 발굴하라

킬러 콘텐츠가 필요한 기업은 대형 유통사나 IT 기업만이 아니다. 처음 가는 음식점에서 가장 잘하는 음식을 물었을 때 주인이

★ 요즘 소비자는 마음에 드는 사이트에 머물면서 스토리와 가치가 있는 물건을 구매한다.
　시장에서 승부하기 위해서는 이들을 사로잡을 킬러 콘텐츠를 만들어야 한다.

"저희 집은 다 잘해요"라고 하면 요즘 손님들은 그냥 나가 버린다고
한다. 왜냐하면 '다 잘한다는 것은 제대로 할 줄 아는 게 하나도 없
다'는 것이라고 생각하기 때문이다. 만약 "우리 집은 오삼불고기 하
나는 정말 최고입니다"라고 이야기를 하면 고객은 그 오삼불고기를
주문하게 된다. 그리고 정말 맛이 있다면 다른 사람들에게 해당 음
식점 오삼불고기를 추천할 것이다. 이렇게 오삼불고기가 그 음식점

의 킬러 콘텐츠가 되는 셈이다.

확실한 비즈니스 모델을 가지고 자기 사업만의 킬러 콘텐츠를 개발하는 것이 사업의 성공 확률을 높이는 방법이다.

41 ▽ 비즈니스 모델의
▽ 수익구조를
어떻게 만들까?

핵심 답변

비즈니스 모델(Business Model)은 제품 또는 서비스를 소비자에게 어떻게 제공하고 마케팅하며 돈을 벌 것인가에 대한 일련의 계획이다. 비즈니스 모델은 단계별 모듈이 있으며 가치를 제공하고 수익을 발생시키는 방법에는 판매 대금, 중개수수료, 대여료, 가입비, 사용료 등이 있다. 각 사업에 맞는 수익구조를 찾는 것은 사장이 해야 할 가장 중요한 일이다.

사업하는 데 비즈니스 모델을 찾은 것은 매우 중요하다. 비즈니스 모델은 여러 형태로 만들어질 수 있다. 또한 한 가지 아이템으로 정의되기보다는 제품(핵심 콘텐츠), 수익구조, 핵심자원 등이 구조화되어서 하나의 프로세스를 이룬다. 비즈니스 모델을 잘 만드는 것은 사장이 매우 중요하게 생각하고 고민해야 하는 부분이다. 비즈니스 모델은 한 회사에 하나인 경우도 있고, 여러 개인 경우도 있다. 또 사업의 특성상 비즈니스 모델을 오랫동안 유지하면서 갈 수도 있고, 아주 짧은 간격으로 계속 교체해야 하는 경우도 있다.

비즈니스 모델을 구성하는 첫 단계는 '고객은 어떤 가치에 기꺼이 돈을 지불하는가?'에 대한 답을 찾는 것이다. 즉 킬러 콘텐츠가 무엇인지에 대한 답을 찾는 것이다. 고객이 기꺼이 돈을 지불할 핵심 가치를 찾았다면, 다음 단계는 '고객은 돈을 지불할 때 어떤 방식의 결제구조를 선호하는가?'에 대한 답을 찾는 일이다.

비즈니스 모델의 구성과 수익구조

비즈니스 모델을 구성하고 수익을 만드는 구조에는 크게 두 가지 형태가 있다. 첫째 상품을 판매해서 생기는 '일회성 수익'이다. 둘째 지속적으로 상품과 서비스를 제공하면서 얻는 '반복성 수익'이다. 기업의 상황에 따라 두 가지 이상의 복합적인 수익구조를 갖는 것도 사업 안정성을 높이는 데 도움이 된다. 다양한 수익구조 중 몇 가지를 소개하면 다음과 같다.

1. 제품 · 상품 제조 및 판매수익

수익구조 중 가장 많고 가장 흔한 방법이다. 직접 물건을 생산 · 판매하여 수입을 얻는 구조다. 제품을 만드는 제조사, 음식의 판매하는 요식업, 재배 · 채취한 생산품을 판매하는 1차 산업(농업, 어업)

등이 해당된다.

2. 중개수수료

1대 1 또는 1대 다수 등의 관계 중간에서 거래 등을 주선하고 그에 따르는 비용을 받는 구조다. 대표적으로는 부동산중개, 중개무역, 인력사무소 같은 업종 등이 여기에 해당된다.

3. 가입비 · 정기회비

서비스나 상품에 대한 지속적인 사용 권한을 제공하여 고객으로부터 정기적인 비용을 받는 구조다. 정기구독비를 받는 잡지나 월회비를 받는 헬스클럽 등이 있다.

4. 사용 단위별 이용료

특정 서비스를 사용한 기간에만 이용료를 받는 서비스로, 고객이 많이 이용할수록 수입이 증가하는 구조로 가장 대표적인 것이 통신사다. 통신사는 통화 및 데이터를 이용한 만큼 고객에게 비용을 받는 수익구조로 운영된다. 최근에는 지적재산권에 대한 이해가 높아져 정보 이용에 대해서도 비용을 지불한다. 이렇게 시간 단위로 상담비를 받는 변호사나 경영컨설턴트 같은 업종도 여기에 해당된다.

5. 임대료

물건 등을 빌려주고 거기에 대한 비용을 받는 구조다. 아파트나 상가 같은 부동산 임대수익이 대표적이다. 많은 사람들이 매우 선호하는 수익구조 중 하나다.

6. 로열티 · 라이선스 사용료

지적재산권(초상권, 저작권 등) 및 산업재산권(특허권, 디자인권, 상표권 등) 같은 권리를 사용 허가하고 이에 대한 사용료를 받는 구조다. 이런 라이선스는 한 번 만들어놓으면 사용료를 계속 받을 수 있기 때문에 각광받는 수익구조 중 하나다. 프랜차이즈도 여기에 해당하며 체인 매장이 브랜드를 사용하는 대가로 매장 매출의 2%~5%를 사용료로 받는다.

위와 같이 각 사업체의 특성에 맞게 다양한 비즈니스 수익모델이 존재한다. 그런데 기존 사업에 이 수익모델을 변경했을 경우, 대단한 일들이 일어나는 경우가 많다. 이 부분에 사장들은 집중하고 관심을 가져야 한다.

비즈니스 모델 배경만으로 매출 상승이 가능하다

대만의 한 헬스클럽은 고객에게 사용 시간 단위별로 요금을 받으면서 고객 확장과 매출 증대에 성공했다. 일반적으로 헬스클럽의 비즈니스 수익구조는 가입비와 월 회비를 받는 것이다. 월 회비를 지불하지만 고객 입장에서는 한 달 동안 매일 헬스클럽에 가는 것이 쉽지 않다. 대만의 헬스클럽은 헬스클럽을 이용하고 싶으나 매일 가는 것은 어렵고, 매일 가지도 않는데 월 회비를 내는 것을 부담스러워하는 고객층을 대상으로 이 부분에 애로점을 핵심 비즈니스 수익모델로 생각하고 분기별, 매달 받던 회비를 가입비 없이 시간당 사용료만 내면 사용할 수 있는 수익모델로 변경을 했더니 고객들의 이용률이 급격히 늘어나게 되었다. 고객의 애로점을 핵심 비즈니스 수익 모델로 만든 셈이다.

대만의 헬스클럽처럼 장소와 업종을 변경하지 않고 비즈니스 수익 모델을 변경하는 것만으로도 매출 상승을 일으킬 수 있다. 때로는 비즈니스 모델 변경만으로 대박신화를 이룰 수도 있다. 따라서 사장은 현재 사업의 비즈니스 모델의 수익구조가 적절한지 새로운 시각에서 살펴보고 모델 수정이나 변경으로 더 좋은 결과를 낼 수 있는지에 대해 끊임없이 연구해야 한다.

42 ▼ 기업의 핵심자원
   ▼ 관리는
   ▼ 어떻게 해야 할까?

핵심 답변

사업을 운영하는 데 필요한 '인적자원' '물적자원' '재무자원' '지적자산' 이 네 가지를 핵심자원(Key Resources)이라 한다. 비즈니스 모델에 따라 한 가지 핵심자원만 필요할 수도 있고, 네 가지 모두 필요할 수도 있다. 회사를 장기적으로 운영하기 위해서는 핵심자원을 지속적으로 관리해야 한다.

사업 계획과 아이디어만 가지고는 사업을 할 수 없다. 자금, 인력, 사무실, 라이선스 같은 자원이 필요하다. 사업을 할 때 필요한 이런 핵심자원은 크게 인적자원, 물적자원, 재무자원, 지적자산, 네 가지로 나뉜다. 업종별로 각 핵심자원 관리의 중요도가 차이가 난다. 또한 기업의 규모나 비즈니스 모델에 따라 네 가지 핵심자원이 모두 필요할 수도 있다. 사장은 회사의 특성을 잘 파악한 후 핵심자원의 우선 순위를 두고 관리하는 노하우가 필요하다.

관리라는 것은 문제가 발생되었을 때 피해를 최소한으로 줄이는 쪽에 집중된다. 운영진 입장에서는 핵심자원 관리가 매출과 직결되는 핵심역량 증대, 킬러 콘텐츠 개발, 수익 모델 다각화 같은 생산적인 항목보다는 관심이 적을 수 있다. 그러나 기업 컨설팅 현장에서 보면, 큰 위기를 맞는 기업 대부분은 핵심자원의 관리 소홀에서 원인이 발생된 것을 많이 본다. 기업 내부의 핵심자원 관리를 잘해야 위기 극복과 장기 생존에 유리하다.

핵심자원 관리 1 - 인적자원

인적자원은 모든 사업에서 필요하다. 사업의 특성에 따라 어떤 비즈니스 모델은 인적자원에 더욱 크게 의존해야 하는 사업도 있다. 예를 들어 학원, 병원, 인력 지원 업체 등이 그렇다. 병원은 유능한 의료진의 보유 여부에 따라 성공이 결정된다.

인적 관리는 핵심자원 관리 중에 가장 어렵다고 할 수 있다. 관리 대상이 살아 있는 인격체로 감정과 체력 등 관리가 어려운 요소를 가지고 있기 때문이다. 인적자원이 많이 투여되는 사업을 진행할 때는 신중하게 판단해야 하며 특히 핵심 인원의 조직이탈 방지에도 신경 써야 한다.

근로계약서 작성, 취업규칙 비치, 4대 보험 가입, 안전 교육의 정기적 실시, 정기 워크숍, 성과보상제도 실시, 핵심 인원 관리 프로그램, 직원 마인드 교육 등

핵심자원 관리 2 - 물적자원

토지, 건물, 기계 장치, 차량, 공장 설비, 시스템 등이 대표적인 물적자원이다. 제품을 생산·판매·보관하는 데 필요한 요소로 2차 제조업과 유통업에서 특히 중요한 자원이다. 인터넷 판매 업체의 배송·포장 라인과 물류 창고 등도 여기에 해당하며 중요한 관리 대상이다. 부동산과 관련된 각종 세금 관리, 건물과 기계 장치의 유지 보수 그리고 전체적인 공정 과정을 시스템화하는 등의 관리를 요한다.

핵심 관리 사항

각종 세금 관리(취득세, 등록세, 면허세), 건물 안전 관리, 기계 관리 대장, 스마트 팩토리 실시, 재고 물품 관리, 부동산 시세 관리, 차량 운영 대장 등

핵심자원 관리 3 - 재무자원

재무자원에는 현금, 기업신용도, 담보물권 등이 있다. 운전자금, 시설자금의 확보, 대량 판매 물건을 확보할 대출금의 한도 등 회사 운영에 필요한 자금과 신용에 대한 것이다. 앞으로 기업 신용관리는 점점 더 강화될 것이고 신용도에 따라 자금 차입, 입찰, 금리 등이 영향을 받기 때문에 사장은 지속적으로 재무제표 관리에 힘쓰고 운영진 신용도 관리를 해야 한다.

핵심 관리 사항

기업 신용등급 관리, 비상 운전자금(3개월 치) 준비, 유동비율(유동

★ 기업 내부 핵심자원 관리를 잘해야
위기 극복과 장기 생존에 유리하다.

자산 · 유동부채) 관리, 기간별 자금 운영방안 작성(단기 · 중기 · 장기),
신주 발행 규정, 대표이사 신용도 관리 등

핵심자원 관리 4 - 지적자산

지적자산은 기업이 개발한 시스템 및 소프트웨어, 특허, 저작권
등이다. 보통 IT, 엔터테인먼트, 애니메이션 업체처럼 첨단 기술력
을 가진 제조업과 무형자산 콘텐츠를 개발하는 서비스 업종에서 매
우 중요한 핵심자원이다. 지적자산은 오랜 노력과 투자가 필요하지
만 상당한 가치를 지닌다. 지적자산 관리를 제대로 하지 못하면 회
사가 존폐 위기에 놓일 수 있으므로 지적자산 보유 기업은 보안과
관리에 특별히 주의를 기울여야 한다.

핵심 관리 사항

아이템 보안 관리(서버, USB, 이메일 등), 무형자산에 대한 권리(특
허권, 디자인권, 상표권 등) 관리, 라이선스 관리, 기술력을 보유한 핵
심 인원 관리 등

43 ▼ 우리 비즈니스 모델도
▼ BM 특허 신청이
가능할까?

핵심 답변

BM 특허는 ICT 기술을 사용해 고안한 새로운 비즈니스 모델을 대상으로 한 특허다. 전자상거래, 전자결제, 앱 등이 대상이다. 일반 특허가 산업이나 제조 기술에 중점을 둔다면, BM 특허는 상품 서비스에 관한 아이디어와 이를 전자상거래상에서 현실화시킬 수 있는 기술적인 방법이 있어야 한다. BM 특허 출원 분야를 보면 금융 자동화, 인터넷교육, 인터넷 결제시스템, 웹 광고, 인터넷게임 등 다양한 분야에서 신청이 이루어지고 있다.

과거 우리나라가 기적적인 경제 성장을 이룬 근간에는 제조업이 있었다. 철강, 조선, 자동차 같은 중공업과 세탁기, 냉장고, TV, 스마트폰, 반도체 같은 전자제품 등이 그 주역이었다. 베어링, 압력펌프, LCD 등의 제품 기술이 발전하였고 산업재산권(특허, 디자인권, 상표권 등)은 대부분 이런 제조업에 기반을 둔 무형자산이었다. 그런데 최근에는 인공지능, 핀테크, AR, 블록체인, 공유경제, 클라우드 같은 정보통신과 4차 산업으로 핵심 비즈니스가 이동하고 있다. 그러면서 정보와 무형자산의 중요성은 점점 더 커지고 있다. 이에 시대적 변화에 맞춰 비즈니스 모델도 특허권 신청이 가능해졌다.

BM 특허(Business Model Patent, 비즈니스 모델 특허)는 전자상거래나 전자결제처럼 ICT(Information and Communications Technologies, 정보통신기술)를 이용하여 고안한 새로운 비즈니스 모델에 대해 신청할 수 있다. 그러나 인터넷에서 만들어졌다고 해서 무조건 특허권이 나오는 것은 아니다. 종래의 영업 방법을 일반적인 온라인상에서 자동화 기술로 구현한 구조는 진보성이 없다고 판단하여 특허로 인정하지 않는다.

BM 특허로 출원된 사례를 보면 중개 앱, 결제 앱, 인터넷 교육, 통계 조사, 인터넷 게임 방법 및 장치, SNS 등등 다양하다. 최근 변리법인에서 진행했던 BM 특허를 보면 다음과 같다.

---

① 빅데이터 기반 등급 분류 및 시세 예측을 이용한 부동산의 안심 거래 서비스 제공 시스템
② 인공신경망을 이용한 주택매매지수 예측 장치 및 그 방법
③ 동적 계좌번호 기반 계좌거래를 제공하는 애플리케이션 등록 방법

이외에도 요즘 인기 많은 온라인 전자결제시스템, 각종 페이 앱 등의 BM 특허를 진행했거나 진행 중에 있다.

BM 특허, 수익 창출이 가능한 자원

그럼 왜 기업은 이런 BM 특허를 만드는 것일까? 최근 BM 특허가 이슈가 되는 데는 BM 특허 자체가 수익 창출이 가능한 자원이기 때문이다. 사업으로 돈을 벌기 위해서 비즈니스 모델이 필요하고 비즈니스 모델을 구성하는 요소 중에는 핵심자원이 있다. 핵심자원 중 하나인 지적자산은 특허권이나 라이선스 등을 포함한다. 지적자산은 만들기가 어렵지만 그 자체만으로 비즈니스 모델의 기능을 수행한다. 인적, 물적자원이 필요 없으며 특별한 수익 모델도 필요 없다. 인터넷 사업에서 핵심 엔진으로 사용되면 그것 자체로 비즈니스 모델이 완성되는 셈이다.

예를 들어 보자. 온라인 결제시스템을 개발한 후 BM 특허를 취득하면 고객들이 이 결제시스템을 사용할 때마다 사용수수료를 내야 한다. 수입이 자동적으로 계속 들어오게 되는 것이다. 이를 '수입의 자동화 시스템'이라고 한다. 많은 사장들이 꿈꾸는 수익 구조다. 기술은 끊임없이 발전하기 때문에 더 발전적인 새 결제시스템이 나오면 고객이 더 이상 사용하지 않을 수 있다. 그러나 고객이 사용하기 익숙해서, 시장을 선점해서 등의 이유로 계속 사용할 수밖에 없다면 이 BM 특허의 생존은 더욱 길어지게 된다.

또한 BM 특허를 받으면 사업을 보호할 수 있을 뿐만 아니라 사업 가치를 더 키울 수 있다.

BM 특허 등록 유의 사항

온라인 분야 사업이라면 자신의 비즈니스 모델이 특허 가능 여부를 확인하는 것이 중요하다. 특허 전문 변리사나 변리법인을 통해 BM 특허 가능성 여부를 검토받을 수 있으며 일반적으로 검토에는 비용이 들지 않는다. BM 특허 가능성을 검토받을 때는 발명한 비즈니스 모델의 구조를 도식화 등으로 설명하고, 기존 기술과의 차이점이나 특장점 등을 문서화하여 준비해 가면 보다 쉽게 진행할 수 있다.

BM 특허는 아이디어를 기반으로 하기 때문에 일반 기술 특허보다 등록에 어려움이 많고 시일도 많이 소요된다. 보통 한 건을 출원하면 등록까지 짧게는 1년, 길게는 2년~3년이 걸리는 경우가 많다. 비즈니스 모델을 만들어 특허라는 국가 제도를 통해 인정받는 것은 사업을 하는 사장으로서 참 설레는 일이 될 것이다.

44 ▼ 사장이 없어도 ▼ 잘 돌아가는 회사, 무엇을 준비해야 할까?

핵심 답변

사장이 자리를 비워도 돌아가는 회사를 만들기 위해서는 세 가지가 필요하다. '시스템' '인재' 그리고 '기업문화'다. 시스템은 사장이 없어도 회사가 문제없이 돌아가도록 만든다. 이런 시스템은 사람을 통해 만들어지고 운영된다. 이런 인재는 좋은 기업문화가 있을 때 양성된다.

많은 사장들이 꿈꾸는 회사 중에 하나가 '사장이 없어도 잘 돌아가는 회사'다. 하지만 이는 유토피아를 만드는 것처럼 쉽지 않다. 간혹 경영컨설팅 현장에서 이 경지에 오른 분들을 만날 때가 있다. 대표적인 인물이 스노우폭스의 김승호 회장이다. 여러 매체에서 김승호 회장을 소개하는 문구는 대단하다. '세계 11개 국, 3,878개 매장, 8천 명이 넘는 직원, 연매출 1조 원' '순재산 4천억의 미국에서 가장 성공한 한국인' '요식업, 투자자문, 보험중개 기업과 농장 등 8개의 다른 사업체를 보유한 성공 경영인' 등등이다.

여러 사업을 큰 규모로 운영하는 그가 회사를 비우고 친구들과 미국 횡단 여행을 하고, 3개월에 한 번씩 한국을 방문해 며칠 동안 제자들과 시간을 갖기도 한다. 그동안 회사로부터 업무 전화나 연락을 받지 않는다. 어떻게 이럴 수 있을까? 그의 저서에서 그 방법을 알려준다. '사장 없이도 잘 돌아가는 회사를 만들려면 그런 직원들이 있어야 하며, 그런 직원을 양성하려면 사장이 두 가지를 포기해야 한다. 포기해야 할 두 가지는 참견과 특권의식이다'라고 한다.

직원이 창의성을 유지하고 제한 없이 의견을 내며, 스스로 일하는 기업문화를 형성하려면 사장의 지나친 참견이 없어야 한다는 것이다. 실수가 보여도 회사가 망하는 일이 아니라면 기다려서 실패한 후에 배우도록 내버려둔다고 한다. 사장이 특권의식 버리는 것도 강조한다. 사장이라고 굳이 상석에 앉지 않으며 직원들과 마찬가지로 식판을 들고 차례를 기다린다고 한다. 회식에서 눈치 없이 오래 앉아 있지 말고, 직원을 하대하지 말아야 한다. 사장이 그렇게 하는 어느 순간부터 직원들은 스스로 일하는 끝내주는 직원이 된다.

《파리에서 도시락을 파는 여자》의 저자인 켈리 최 회장도 비슷하다. 그 역시 유럽 10개 국에 700개의 매장을 가지고 매출 5천억을 달성하고 있는 성공신화의 주인공이다. 그가 바쁜 사업 스케줄에도

1년간의 안식년을 즐길 수 있었던 데는 회사를 믿고 맡길 수 있는 네 명의 직원 덕분이라고 했다. 켈리 최 회장도 사장이 없어도 회사가 운영될 수 있는 이유로 기업문화를 꼽는다.

기업문화가 인재를 만들고 사장을 편하게 한다

기업문화가 인재를 만들고, 그 인재가 회사의 시스템을 만든다. 따라서 기업문화가 어떤지에 따라 그 회사의 분위기와 방향이 결정되는 것이다. 켈리 최 회장은 사업을 시작할 때부터 '사장이 일하지

★ 사장 없어도 잘 돌아가는 회사가 되려면 좋은 기업문화가 필요하다.
좋은 기업문화는 사장이 참견과 특권의식을 버릴 때 만들어진다.

않는 회사' '사장 없어도 잘 돌아가는 회사'를 목표로 했다. 켈리 최회장은 자신의 목표대로 좋은 기업문화를 바탕으로 훌륭한 인재들이 알아서 회사를 성장시키고 발전시키는 회사, 사장이 장시간 자리를 비워도 아무런 타격이 없는 회사를 만들었다.

스노우폭스 김승호 회장은 자신의 저서에서 '훌륭한 사장'을 이렇게 정의하고 있다.

가장 훌륭한 사장은 직원들이
다만 사장이 있다는 것만을 알 뿐이다.
그래서 스스로 직원들이 알아서 일을 한다.
그 다음 수준의 사장은 직원들이 친근감을 가지고
존경하는 사장이다. 그래서 직원들은 사장과 함께 일한다.
그 다음 수준은 직원들이 사장을 무서워한다.
그래서 직원들은 시키는 일만 죽어라 한다.
가장 저급한 사장은 직원들이 그를 우습게 안다.
그래서 직원들은 사장이 볼 때만 일한다.

사장이 없어도 돌아가는 회사를 만들기 위해서는 사장이 먼저 그런 회사를 만들기 위해 노력해야 한다.

Chapter 7

4차 산업혁명 시대, 무엇을 준비하고 어떻게 승리할 것인가

– 비즈니스 인사이트

45 ▼ 포노 사피엔스를
▼ 타깃으로 사업을
해야 하는 이유는?

핵심 답변

포노 사피엔스(Phono Sapiens)란 스마트폰을 신체의 일부처럼 사용하는 세대를 일컫는 신조어이다. 이들은 스마트폰으로 쇼핑을 하고, 방송을 보고, 여가를 즐기며, SNS로 전 세계의 사람들과 소통하며, 사업을 한다. 이들은 앞으로의 세계를 주도할 고객이다. 사업을 한다면 이들에게 주목해야 한다.

포노 사피엔스란 말은 '스마트폰'과 '호모사피엔스'의 합성어로 2015년 3월 영국 〈이코노미스트〉에서 처음 쓰기 시작했다. 앞으로의 경제를 이끌고 갈 이들은 밀레니엄 이후에 태어나, 태어날 때부터 인터넷이 있던 세대이다. 이들은 컴퓨터로 숙제를 하고 이메일로 제출한다. 친구들과의 소통은 SNS를 이용하며, 스마트폰으로 좋아하는 연예인의 콘서트를 예매한다. 이 세대에게 스마트폰 없는 세상은 상상할 수도 없다.

　그동안 경영컨설팅을 하며 만났던 경영자들은 제조업 중심의 비즈니스를 운영하는 분들이었다. 이들은 지난 10년 동안 스마트폰의 기판이나 칩, 배터리를 생산하며 스마트폰의 기술적인 부분들을 발전시켜 왔다. 스마트폰이라는 제품을 제조하는 것만을 사업이라고 생각했다. 불과 10여 년 전만 해도 스마트폰은 그냥 기능이 좋은 전화기였다. 전화기인데 음악을 들을 수 있고 사진을 찍을 수 있는 고기술의 전자제품 정도였다. 그런데 이 기계적 편리성에 앱이라는 소프트웨어가 더해졌다. 그리고 앱만으로 백만장자, 천만장자 사업가가 탄생하고 있다. 배달 앱 하나로 매출 2천억 원을 달성하고 1인 유튜브 방송으로 수십억 원을 벌어들이고 있다.

　비즈니스 분야만이 아니라 사람들의 삶도 변화하고 있다. 송금은 은행 앱으로 하고 장보기도 쇼핑 앱으로 한다. 장바구니에 식자재를 넣고 결제만 하면 다음날 집 앞까지 배송해준다. 방송이라고 하면 KBS나 MBC 등을 떠올리고 드라마 시청률은 60%가 넘어가던 시절도 있었다. 지금은 스트리밍 서비스와 유튜브 등의 다양한 인터넷 미디어 플랫폼을 통해 전 세계에서 매일 쏟아져 나오는 콘텐츠를 시간과 장소 구애받지 않고 볼 수 있다.

(QR 코드 주소 : youtu.be/VULRSpF49Yk, '포노 사피엔스가 만드는 일상 혁명')

포노 사피엔스

이것은 트렌드가 아니라 혁명이다

어떤 아이템이 관심을 받고 이슈를 끌어 그와 관련된 비즈니스가 생기는 현상을 유행, 즉 '트렌드'라고 한다. 오프라인 매장 이용객이 줄고 온라인 매장 이용객이 늘어나는 것, 공중파 방송이 인터넷 매체에 밀려나는 지금의 상황도 트렌드일까? 아닐 것이다. 인기를 끌다 사라지는 것이 아니라 지속되어 자연스럽게 인식되면 그것은 트렌드를 넘어 하나의 '문화'가 된다. 문화가 급격히 변화할 때 우리는 그것을 '혁명'이라고 한다.

요즘 이런 혁명을 이끌고 가는 것이 스마트폰이라는 아이템이고 동시에 이 아이템이 분야별로 각각 혁명을 이끌고 있다. 이 정도면 '종의 변화'라고 이야기할 수 있을 것이다. 전 세계가 1차 산업혁명 이후 200년 동안 변화해 왔던 삶의 방식보다 스마트폰이 생겨나고 10년 사이의 변화의 폭이 더 크다.

포노 사피엔스 시대의 비지니스

이 혁명의 시대 사업을 하는 사장이 생각해야 할 것은 무엇인가? 어떤 종류의 사업을 하든 이제는 스마트폰을 염두에 두어야 한다. 고객들이 스마트폰으로 나의 매장 위치나 상품을 쉽게 검색할 수 있어야 하며, 상품을 장바구니에 담아 간편하게 결제할 수 있게 해야 하는 것은 기본이다.

거의 모든 일상이 스마트폰을 빼고는 불가능한 시대이다. 스마트폰의 알람으로 일어나고 그날의 일정을 확인하다. 스마트폰을 들고 교통 상황을 실시간 파악하고 일기예보를 보고 옷을 고른다. 버스비나 지하철 요금도 스마트폰으로 내며 이동 중에는 스마트폰으로 영화를 보거나 음악을 듣는다. 회사 도착해서 메신저 단체방에 들어가 인사를 나누고, 스케줄 앱으로 업무 일정을 확인한다. 회사 안에서 움직이는 모든 기계는 사물인터넷(IoT, Internet of Things) 기술로 컨트롤하고, 고객 만날 식사 장소를 앱으로 예약한다. 음식을 먹으며 SNS에 사진을 올린다. 집에 돌아와 오늘 하루를 일기 앱에 정리한다.

우리는 스마트폰을 통해 생활을 하고, 소통하는 시대에 살고 있다. 우리가 포노 사피엔스인 것이다. 포노 사피엔스의 개념과 라이프스타일을 이해하지 못하면 공룡이 멸종하듯이 사업의 성공은 장담하기 어려울 수도 있다.

46

SNS, 어떻게 활용하고, 어떤 효과를 얻을 것인가?

핵심 답변

SNS를 바라보는 시각부터 달라져야 한다. SNS를 단순히 지인들과 소식을 나누는 대화의 창으로 생각해서는 안 된다. SNS를 통해 대화뿐만 아니라 정보 취득, 홍보와 광고, 시장 피드백 입수, 조직 관리 등을 할 수 있다.

SNS는 Social Network Service(사회 관계망 서비스)의 줄임말로 온라인상에서 사람들과 소통하는 서비스를 말한다. 대표적으로 트위터와 페이스북, 인스타그램, 카카오톡, 네이버밴드, 카카오스토리 등이 있다. 과거에는 광장문화와 장터문화가 있었다. 소식을 공유하거나 의견을 주고받을 때, 물건을 사고팔 때 넓은 장소에 사람들이 모였다. 요즘은 그렇게 하지 않는다. SNS에 소식이나 정보를 올리고 댓글로 답변을 듣는다. 같은 관심을 가진 마니아들이라면 밴드를 통해 정보를 나눈다. 회원이나 이웃만을 대상으로 물품 판매를 하기도 한다.

SNS도 기술 발전과 유행 변화에 따라 인기를 끌기도 하며 사라지기도 한다. 예전에 큰 인기를 끌었던 싸이월드와 SNS 시초인 트위터도 IT 기술의 발전과 새로운 SNS의 등장, 사용자의 니즈 변화로 인기를 잃었다. 지금 인기 있는 SNS들 중 몇몇은 같은 수순을 걸을 것이다. 조금 지나면 유행이 지나 버리는데 굳이 SNS를 배우고 운영할 필요가 있을까? 그냥 이대로 살면 안 될까?

SNS 프로그램은 바뀔지언정 스마트폰 시대에 SNS의 힘은 더욱 강력해질 것이다. 페이스북은 23억 명이나 되는 사용자 성향을 분석해 타깃 마케팅을 한다. 수십만의 팔로어와 구독자를 보유하고 영향력을 발휘하는 인플루언서들이 점점 늘어나고 있으며 활약 범위도 넓어지고 있다. 또한 네이버밴드에선 마니아들을 대상으로 수십억의 판매수익을 얻고 있는 이들도 많다.

사장이 알아야 할 SNS의 효용성 3가지

SNS 계정을 전혀 활용하지 않는 사장들에게 SNS를 활용하지 않는 이유를 물으면, 소식이나 정보를 올리고 댓글을 확인하는 것 등이 귀찮고 복잡하다고 한다. 그러나 이제 SNS 활용은 선택 사항이 아니다. 사업을 하기 위해서는 하기 싫어도 해야 하고, 귀찮아도 해야 하고, 어렵다면 배워서라도 해야 한다. 그 이유는 다음 세 가지로 정리할 수 있다.

1. SNS로 정보를 얻는다

SNS를 통해 많은 정보와 아이디어를 얻을 수 있다. 전 세계에서 실시간으로 발생되는 일과 정보를 파악하다 보면 사업에 접목할 아이템이나 새로운 사업을 위한 아이디어를 얻을 수 있다.

★ 사업을 하는 데 SNS를 활용하지 않을 수 없는 환경이다. SNS로 고객과 소통하고, 직원을 관리하고, 상품을 홍보할 수 있으며, 사업 아이디어도 얻을 수 있다.

2. SNS로 홍보와 광고를 할 수 있다

국내뿐만 아니라 전 세계 SNS 이용자수를 고려할 때 SNS를 통한 광고와 홍보를 하지 않을 수가 없는 환경이다. 페이스북과 구글, 네이버 등은 수익구조면에서 보면 IT 회사나 포털 사이트 운영사라기보다 광고회사라고 봐야 한다. 또한 SNS의 광고툴을 사용하면 비용이 생기지만 회사 계정 SNS를 통한 홍보와 광고에는 돈이 거의 들지 않는다.

3. SNS로 효율적인 조직 관리를 할 수 있다

카카오톡 단체방, 라인웍스 등을 통해 공지사항 전달이나 화상회의, 자료 공유 등을 할 수 있다. 이로써 업무의 속도와 효율을 높일 수 있으며 직원 관리를 할 수 있다. 현재 많은 회사에서 SNS를 업무에 적극 활용하고 있다.

개인 계정과 사업 계정을 분리해 운영하자

SNS를 잘 사용하지 않거나 사용을 주저하는 사업자들을 만나보면 대부분 '개인 신상을 공개하는 것이 꺼려진다'라거나 'SNS를 사업에 활용하고 싶기는 한데 방법을 모르겠다'라는 이야기를 한다. 사업을 위해 SNS를 시작할 때는 개인 계정과 사업용 계정을 분리하는 게 좋다. 대부분의 SNS 프로그램은 복수 아이디를 사용할 수 있다. 개인 개정과 사업용 계정을 분리하면 개인 신상 공개에 대한 부담감도 없앨 수 있으며 사업용 계정으로 제품이나 서비스에 대한 홍보도 할 수 있다.

47 ▼ 리테일 업체의
▼ 디지털 전환,
▼ 무엇부터 시작할까?

핵심 답변

이제 마트, 옷 가게, 생활용품점, 식료품점처럼 고객을 대면하는 소매 업체의 디지털 전환은 필수다. 소비자의 습관이 변하고 있기 때문이다. 집 앞에 마트가 있어도 직접 가는 것보다 인터넷 쇼핑몰을 통해 구매하고 배송받는 것을 선호하는 방향으로 변하고 있다. 판매 방식의 디지털 전환을 하지 않으면 리테일 업체의 매출은 점점 감소할 것이다.

리테일 상품, 즉 생활용품과 같은 소규모 상품을 다루는 인터넷 전자상거래 매출이 빠른 속도로 증가하고 있다. 몇 년 전까지 인터넷 쇼핑몰의 주요 판매품은 상하지 않거나 유통기간이 긴 공산품이 주가 되었다. 그러나 포장과 택배 기술이 발전하면서 식재료 같은 신선 상품까지 인터넷 쇼핑몰이나 쇼핑 앱을 통해 구입한다. 고기, 야채, 해산물 같은 상하기 쉬운 상품들이 저녁에 주문하면 아침에 요리할 수 있도록 새벽에 배송이 이루어진다.

인터넷을 통해 판매하는 것은 좁은 의미에서 디지털의 전환이라고 할 수 있다. 그러나 여기에서 이야기하고자 하는 디지털 전환은 단순한 인터넷 전자상거래만을 의미하지는 않는다. 디지털 전환이란 사물인터넷, 클라우드, 인공지능, 빅데이터 솔루션 등 정보통신기술(ICT)을 플랫폼으로 구축·활용하여, 전통적인 운영방식과 서비스 등을 혁신하는 것을 의미한다.

고객 데이터 어떻게 활용할 수 있나

디지털 전환에서는 고객 데이터로 구매 성향이나 제품 취향, 구매 주기, 평균 구입액 등을 분석하는 이른바 빅데이터 분석이 필요하다. 구글과 네이버 같은 거대 IT 기업들이 이런 기술을 활용하고 있다. 작은 리테일 업체들도 이를 활용할 수 있다.

작은 동네 빵집을 예로 들어보자. 자체 앱을 제작해 아침에 빵이 나오는 시간이나 그날의 특선 빵 등에 대한 정보를 고객에게 전하고, 고객 데이터를 분석해 타깃 마케팅을 하거나 생일 쿠폰 등을 주어 고객 충성도를 높이는 것이다.

현장에서 리테일 사업장을 운영하는 분들에게 이런 방법을 제시하면 당황해한다. "프로그램을 만들고 고객 데이터를 수집하고, 분석까지 하려면 돈이 많이 들 것 같은데요. 우리 같은 작은 가게는 엄두도 못 냅니다."

직접 고객 데이터 프로그램을 만들려면 어마어마한 비용이 들어갈 것이다. 그러나 네이버나 구글 같은 포털사이트 회사가 가지고 있는 데이터를 활용하면 된다. 네이버와 구글은 거대한 광고회사라고 볼 수 있다. 수익도 대부분이 광고비에서 나온다. 그래서 이 회사들은 많은 사람들이 자사의 사이트에 오랜 시간 동안 머물며 활동하기를 바란다. 머무는 동안 직간접적으로 광고에 노출되며, 사용 흔적을 모아 데이터로 만들 수 있기 때문이다. 구글의 유튜브나 네이버의 블로그는 사람들이 더 많이 더 오래도록 머물게 하기 위해 만든 장치이다.

디지털 전환은 마인드 전환부터

리테일 업체 사장은 이 구조를 이해하고 이용하면 된다. 나의 상품을 유튜브와 블로그에 홍보하고 네이버스토어를 통해 판매하는 것이다. 유튜브나 스토어 이용에는 비용이 청구되지 않는다. 왜냐하면 사람들이 사이트에 들어와 머무는 것만으로도 구글과 네이버는 원하는 목적을 달성하는 것이기 때문이다. 또한 데이터 분석 시스템이 잘 갖춰져 있어서 이용한 고객 리스트와 연령대 분석, 구매 시간, 구매횟수도 모두 기록이 된다. 어떤 물건을 자주 구매하는지도 알 수 있다.

좋은 제품만 있다면 주변에 널려 있는 디지털 기기와 프로그램을 통해 자신만의 경쟁력과 마케팅 능력을 발휘할 수 있다. 디지털 프로그램을 이용해 사업을 키워가겠다는 마인드의 전환이 필요한 시기다.

48 ▼ 미래 비즈니스의 핵심,
빅데이터!
어떻게 활용할 것인가?

핵심 답변

빅데이터 분석과 활용이 4차 산업혁명 시대 기업의 최우선 과제가 되고 있다. 빅데이터 분석을 통해 사업을 한다는 것은 저녁에 일기예보를 보고 다음날 입을 옷을 결정하는 것만큼 편리하고 유용하다. 구매 성향, 시간별 거래량, 구매 연령, 지역별 구매 특성 등을 빅데이터를 통해 예측할 수 있기 때문이다. 이제 비즈니스에 빅데이터를 활용하는 것은 선택이 아닌 필수다.

최근 ICT의 발전으로 더욱 다양한 분야에서 성공한 사장들을 만난다. 그들과 만나면서 세상이 빠르게 변하고 있다는 것을 느낀다. 과거에는 어떤 업종이든 성공하려면 필요했던 최소한의 요소가 있었다. 최소한의 투여 시간, 최소한의 인력, 최소한의 기술력 등이다. 요즘은 전통적인 시간, 인력, 기술력을 투여하지 않고도 성공적인 시스템과 사업을 만들어갈 수 있다. 특히 빅데이터를 이용한 사업이 그렇다. 예전에 데이터를 이용한 사업은 일종의 대수의 법칙을 활용한 것이었다. 즉 텔레마케팅처럼 고객 데이터를 가지고 전화, 문자 메시지, 이메일, 대면 접촉으로 홍보하거나 판매하는 것이었다. 물론 지금도 이런 마케팅이 유효하긴 하다.

빅데이터 마케팅은 어떻게 이루어지나?

빅데이터를 이용한 마케팅은 이보다 훨씬 발전된 모습을 보여준다. 보험 판매를 예를 들어보자. 예전에는 보험설계사가 고객과 직접 만나거나 통화해 인적 사항과 보장 내용을 상담해 적합한 상품을 제시하고 판매했다. 그래서 보험설계사의 영업력도 중요했다. 그러나 지금은 빅데이터를 이용해 고객에게 필요한 보험을 제시한다. 보험사는 고객 동의를 받은 후 각 보험협회와 타 보험사가 보유한 고객 데이터를 자체 앱으로 불러들여 분석한다. 그리고 부족한 보장 내역에 대해 가입 제안을 한다. 고객은 데이터를 기반으로 한 보험 설계이므로 신뢰감이 들어 고민을 덜 수 있다. 이 회사는 빅데이터를 활용한 보험설계 앱으로 매출이 크게 증대되었다고 한다. 앱 하나로 판매에서 경쟁 우위에 서게 된 것이다.

서울시도 통신사의 빅데이터를 활용해 심야버스 노선을 최적화하여 시민들의 호응을 얻은 바 있다. 또 아마존이나 예스24에서 책을 구매하면 같은 책을 구매한 다른 고객의 구입 도서를 보여준다.

독서 성향이 비슷하다는 점에 착안한 빅데이터 마케팅이다.

빅데이터가 만들어지는 과정

빅데이터는 우리의 모든 활동을 통해 생성된다. 들고 다니는 스마트폰 사용 내역, 대중교통 승하차 정보, 자동차 사용 정보, CCTV와 GPS 등을 통해서도 수집되고 있다. 어떤 지역에 어느 시간대에 얼마나 많은 사람이 다니는지, 성별과 연령대까지 파악할 수 있다. 그렇게 쌓인 빅데이터를 분석해 성공을 하는 이들이 적지 않다. 사업을 할 때 관련된 빅데이터가 있다는 것은 일기예보를 보고 내일 입을 옷을 준비하는 것과 같다. 그만큼 유리하다는 것이다. 어떤 사업을 할 때 그것과 관련된 빅데이터만 있다면 그 데이터를 AI(인공지능)의 힘으로 분석하고, 결과를 도출한다. 그리고 그 결과치는 다시 데이터가 되어서 다음번 같은 분석을 했을 때 그 정확도를 더욱 올리는 역할을 한다. 이렇게 반복적으로 분석된 데이터가 쌓이게 되면 고객 본인도 모르는 고객의 성향과 습성을 찾아내서 거기에 맞는 솔루션을 제공하게 되는 것이다.

빅데이터 활용은 이렇게

대기업도 아니고 작은 규모의 사업에서 빅데이터를 활용하는 것은 어렵지 않을까? 그렇지 않다. 정부기관이나 협회 등에서는 관련 데이터를 제공하고 있다. 대표적으로 통계청의 KOSIS 국가통계포털(kosis.kr)이 있다. 또한 네이버 데이터랩(datalab.naver.com)과 구글 트렌드(trends.google.com)에서도 데이터를 얻을 수 있다.

빅데이터라서 데이터의 양이 무조건 많다고 좋은 것은 아니다. 데이터 규모가 작아도 분야를 세분화시키면 비즈니스 인사이트를 만들어낼 수 있다. 그 인사이트가 곧 비즈니스 성공의 시작점이 될 수 있다. 사업을 위해 필요한 빅데이터를 확보하려는 노력이 필요하다. 기술에 중심을 두기보다는 빅데이터를 통해 창의적 인사이트를 발견하고, 비즈니스에 적용한다면 앞으로의 시대에 사장의 미래는 밝을 것이다.

49 ▽ 디지털 노마드 사업가는 어떻게 돈을 버는가?

핵심 답변

디지털 노마드(Digital Nomad)는 장소에 구애받지 않고 노트북이나 스마트폰 등으로 업무를 보는 이를 일컫는다. 인터넷만 연결되어 있으면 세계 어디에서라도 일과 사업을 할 수 있는 세상이다. 디지털 노마드 형태로 사업을 하는 이들이 점점 늘어가고 있다.

카페에 가면 혼자 노트북이나 태블릿PC, 스마트폰으로 일을 하는 사람들을 흔히 볼 수 있다. 차를 마시고 대화하는 카페가 비즈니스도 하는 장소로도 이용되는 셈이다. 이렇게 장소에 상관없이 디지털 기기를 가지고 정보를 활용해 일하는 사람을 디지털 노마드라고 한다. 프랑스 경제학자 자크 아탈리가 1997년 《21세기 사전》에서 처음 소개한 개념으로 노마드라는 단어는 유목민이라는 뜻이다.

나도 일주일 중 절반 정도는 카페에서 일을 한다. 노트북이나 스마트폰을 들고 와이파이만 있으면 전국 어디라도, 전 세계 어디에서라도 일을 할 수 있다. 컨설팅 제안서를 작성하거나 업체 실무 서류를 보낼 때도, 상담을 할 때도 전혀 불편하지 않다.

주변 사장 중에도 사무실에서 일하지 않는 분들이 많다. 그중에는 사무실 없이 인터넷 유통업을 하면서 연매출 30억 원 이상을 올리는 사장도 있다. 그는 상품이 결정되면 SNS 등에 홍보하고, 광고도 진행한다. 스마트스토어로 주문을 받고 판매하는데 카페에 앉아서 노트북이나 스마트폰으로 모든 것을 처리한다. 그 과정에서 한 장의 종이도 사용하지 않는다. ICT의 발전으로 점점 사업 공간에 대한 제약이 없어지고 있고 종이 같은 비품까지 절약할 수 있게 되었다.

기술을 이용해 사업 영역을 넓히자

디지털 노마드의 비즈니스에서는 오프라인 매장을 갖추지도 않고 상품을 자체 보유하지도 않는다. 택배 작업도 직접 하지 않는다. 오직 상품을 선별하고 선별된 상품을 온라인상에서 고객들이 잘 볼 수 있도록 디자인 툴로 예쁘게 포장하고 광고한다.

실시간 라이브 방송으로 도매점에서 상품을 보여주고, 실시간 주문을 받아 그 개수만큼 현장에서 결제한 후 그 도매점에 배송을 요청한 뒤 자리를 떠나는 경우도 있다. 고객은 상품을 사기 위해 나가지도 않고, 직접 만져보지도 않는다. 판매자가 라이브 방송에서 하는 상품 소개를 보고 구매를 결정한다. 직접 가서 사기 어려운 제품이라면 고객 입장에서도 편리하다. 디지털 노마드 사업가는 이런 방식의 비즈니스로 한 번에 수천만 원이 넘는 매출을 올린다.

★ 디지털 노마드 사업가는 인터넷만 연결되어 있으면
세계 어디에서라도 사업을 한다.

해외 어느 시장에서 스마트폰 하나 들고 라이브 방송으로 상품을 소개한 후 주문을 처리한다. 그리고 근처 바닷가 레스토랑에 가서 에스프레소 한 잔과 갓 구운 빵을 먹으면서 하루 판매한 금액을 앱으로 정산하고 직원 월급까지 송금하고 식사를 마무리한다. 영화에서나 나올 것 같은 장면이지만 많은 사람들이 이렇게 일하며 살고 있다.

업종의 특성이 다르니 모든 사장들이 이런 방식으로 사업을 할 수는 없다. 하지만 미래 시대 사장이 고려해 보아야 할 또 하나의 길이 아닐까 생각해 본다.

50 ▼ 사장이 ▼ 꼭 읽어야 하는 책은 무엇이 있을까?

핵심 답변

자기개발, 직원 관리, 멘탈 관리, 콘텐츠 제작, 마케팅, 내부 경영 관리 등 모든 부분에 슈퍼맨이 되어야 하는 것이 대한민국 사장이다. 슈퍼맨 사장으로 살아가기 위해선 다양한 정보뿐만 아니라 폭넓고 깊은 지식이 필요하다. 깊이 있는 지식과 감동을 얻는 것으로 독서만 한 것이 없다. 대한민국 사장에게 20권의 책을 추천한다.

인터넷 검색으로 간편하게 정보를 찾아볼 수 있고 유튜브, 페이스북, 카카오톡, 밴드, TV 등에서도 정보를 얻을 수 있다. 그러나 책을 읽는 것만큼 깊이가 있고 사업에 도움이 되는 길은 없는 것 같다. 그동안 만나온 성공한 사업가, 훌륭한 경영자들에게 추천받아 읽었던 책 중에 나의 기준대로 뽑은 베스트 20을 정리해 보았다.

1. 《생각의 비밀》(김승호 지음, 황금사자 발간)
2. 《어떻게 회사는 강해지는가?》(이나모리 가즈오 지음, 다산북스 발간)
3. 《잘 되는 회사는 분명 특별한 이유가 있다》(김용희, 이상수, 아테나 북스 발간)
4. 《조인트 사고》(코지마 미키토 외 지음, 매일경제신문사 발간)
5. 《The One Thing》(게리 켈러, 제이 파파산 지음, 비지니스북스 발간)
6. 《파리에서 도시락을 파는 여자》(켈리 최 지음, 다산북스 발간)
7. 《모든 비지니스는 브랜딩이다》(홍성태 저, 쌤엔파커스 발간)
8. 《일의 격, 성장하는 나, 성공하는 조직, 성숙한 삶》(신수정 지음, 턴 어라운드 발간)
9. 《라이프 스타일을 팔다》(마스다 무네아키 지음, 베가북스 발간)
10. 《사장학개론》(김승호 지음, 스노우폭스북스 발간)
11. 《타이탄의 도구들》(팀 페리스 지음, 토네이도미디어 발간)
12. 《사람의 힘》(윤석금 지음, 리더스북 발간)
13. 《포노 사피엔스》(최재붕 지음, 쌤앤파커스 발간)
14. 《카피책》(정철 지음, 허밍버드 발간)
15. 《상상하지 말라》(송길영 지음, 북스톤 발간)
16. 《돈의 교양》(이즈미 마사토 지음, 랜덤하우스코리아 발간)
17. 《사장의 마음》(김일도 지음, 북스톤 발간)
18. 《알면서도 알지 못하는 것들》(김승호 지음, 스노우폭스북스 발간)
19. 《부의 추월차선》(엠제이 드마코 지음, 토트 출판사 발간)
20. 《내 운명은 고객이 결정한다》(박종윤 지음, 쏭북스 발간)

51 ▼ 미래에도
▼ 중용 23장의 가치는
변하지 않는다

핵심 답변

몇 년 전 영화 <역린>에서 정조가 중히 여기는 옛 말씀에 대해 묻자 내관인 상책이
<중용(中庸) 23장> 구절을 말한다. 상책이 이야기한 내용이 좋아서 영화가 끝난
뒤 인터넷을 찾아보았다. 나뿐만 아니라 많은 사람이 명대사로 꼽고 있었다. 이후
시간 나는 대로 중용 23장을 계속 읊조리다 보니 어느 순간부터 이 구절이 인생을
살아가는 데 삶의 기준이 되어버렸다.

작은 일도 무시하지 않고 최선을 다해야 한다.

작은 일에도 최선을 다하면 정성스럽게 된다.

其次致曲　曲能有誠(기차치곡 곡능유성)

정성스럽게 되면 겉에 배어 나오고, 배어 나오면 겉으로 드러나고,

誠則形　形則著(성즉형 형즉저)

겉으로 드러나면 이내 밝아지고, 밝아지면 남을 감동시키고,

著則明　明則動(저즉명 명즉동)

남을 감동시키면 이내 변하게 되고, 변하면 생육된다.

動則變　變則化(동즉변 변즉화)

그러니 오직 세상에서 지극히 정성을 다하는 사람만이
나와 세상을 변하게 할 수 있는 것이다.

唯天下至誠　爲能化(유천하지성 위능화)

— 중용 23장

공자의 손자인 자사가 지은 《중용》은 중용의 덕과 인간의 본성인 성(性)에 대하여 설명하고 있는 책으로 《대학(大學)》《논어(論語)》《맹자(孟子)》와 함께 사서(四書)로 꼽힌다. 중용이란 지나치거나 모자라지 아니하고 한쪽으로 치우치지도 아니한, 떳떳하며 변함이 없는 상태나 정도를 말한다.

작은 일이라든 큰 일이든 일에 경중을 두지 않고 어떤 일이든지 정성을 다하는 삶의 태도가 나를 밝게 하고 남을 밝게 하고, 그리고 많은 이들을 감동시킨다. 결국은 한쪽으로 치우치지 않는 정성스러움이 나와 세상을 변화시킨다는 말이다. 처음에는 '변하면 생육된다'의 뜻을 이해하지 못했다. 그러나 자꾸 곱씹다 보니 '상대가 변하

면 자연스럽게 내가 하고자 하는 일이 된다(化)'로 이해가 되었다.

무려 2천 년 전에 쓰인 책의 한 구절이 우주여행이 가능한 시대를 살고 있는 지금 우리의 삶의 기준으로 전혀 손색이 없다는 것은 진리는 시간을 초월하기 때문인 것 같다.

10년을 넘게 중소기업 경영컨설팅 자문업을 해오면서 많은 사장을 만났다. 경영과 법에 대한 것들만 아니라 가족과 자녀, 개인적인 즐거움과 고민을 나누었다. 돌아보면 10년 전과 비교해 법제도도 많이 바뀌고, 유행하는 상품도 바뀌었다. 고객들의 관심 분야도 바뀌었다. 그래도 사업을 하는 데 있어서 '어떤 일에 지극히 정성을 다한다'는 그 생각과 실천만큼 확실한 성공비법은 없는 것 같다.

고객을 대하는 순간에도, 직원을 대하는 순간에도, 제품을 만드는 순간에도, 사장으로서 지극히 정성스런 마음으로 어떤 일을 하고자 하는 생각을 유지한다면 시대를 불문하고 언제든지 성공할 수 있다는 것을 현장 경험으로 알고 있다. 정성스러운 마음은 사장의 미래전략이 되어야 할 것이다.

다시 태어나도
사장을 하시겠습니까?

책을 내기 위해 잠도 줄여가며 열심히 썼는데, 탈고를 하고 보니 부족함이 눈에 보인다. 조금 더 쉽게 썼어야 했는데, 이 부분은 1년 차 사장님한테는 아직 도움이 안 될 수 있겠다, 10년 차 사장님이 겪는 고민 중 빠진 것은 없나, 등등 독자에게 도움이 되길 바라는 마음만큼 모두 담을 수 없었던 점이 가장 아쉽다.

10년 넘게 경영컨설팅과 자문을 하면서 수천 번도 넘게 설명하고 강의했던 내용이지만 글로 정리하는 데는 다른 어려움이 있었다. 그러나 오늘의 이 도전을 후회하지는 않는다. 이 책을 집필하며 내 삶에 많은 부분을 돌아볼 수 있어서 또 한편으로는 행복한 시간이었다. 도전이란 건 그런 것 같다. 두렵고 힘들고 때로는 위험하지만 도전을 하면서 또 성장한다. 그리고 도전이 성공했을 때 느끼는 그 성취감은 말로 표현할 수 없이 좋기에 우리는 두려움을 떨쳐내고 또 도전하는 것이 아닐까?

사전에서는 '사장'을 '회사 업무의 최고 집행자 또는 책임자'로 정의하고 있다. 흔히 회사에서 최고로 높은 사람이다. 그래서 사람들은 사장에게 바라는 것이 많다. 문제를 해결해야 하고, 흔들리지 않아야 하고, 문제가 생겼을 때 책임져야 한다. 또 노무 규정과 상법 규정을 알고, 재무제표를 읽을 줄 알고, 세일즈 능력도 출중해야 하며, 인격도 훌륭해야 한다. 사장에겐 칭찬보다 불만을 많이 표현한다. 간혹 국가조차 제대로 알려주지도 않은 규정을 위반했다며 벌금을 부과하고 세금을 징수한다.

회사의 가장 높은 자리에 있지만 높이 올라가면 올라갈수록 그 무게감은 더욱 커지고, 외로움도 더 커진다. 그렇게 무겁고 외로운 자리가 사장의 자리다. 사장은 힘들다고 하기도 어렵고, 모른다고 말하기도 어렵다. 자금이 어려울 때 월급날이 다가오는 것이 두렵다. 그러나 내색을 할 수 없다.

그런데 나는 다시 태어나도 사장이 되고 싶다. 책임도 져야 하고, 밤잠도 제대로 못 자고, 자금이 없을 땐 직원 월급 때문에 동동거리며 뛰어다녀야 하고, 회사 운영을 제대로 못한다고 욕을 먹고, 제도를 위반했다고 과태료와 벌금을 물지만 그래도 나는 사장이 좋다. 나의 의지로 나의 꿈을 만들어갈 수 있기 때문이다. 어렵고 힘들지만 나는 다시 태어나도 사장이 되고 싶다. 모르면 물어서 배우고, 필요하면 조력자를 만들고, 세상이 변화하면 그 변화에 몸을 맡기고 도전해서 이 사장의 길을 과감히 헤쳐 나가고 싶다.

그래서 조용히 한 손을 내어본다. 이 길을 함께 갈 그 이름 모를 수많은 사장님들에게, 함께 이 길을 가자고 말이다. 이 책이 그분들에게 작게라도 도움이 되길 희망한다.

부록

각종 양식 모음

• 기업컨설팅에 관심 있는 사람들(cafe,naver.com/yspsociety)의 '자료실→각종 서류 모음'에서
  해당 양식을 다운로드할 수 있습니다.

표준근로계약서

(이하 "사업주"라 함)과(와)   (이하 "근로자"라 함)은 다음과 같이 근로계약을 체결한다.

1. 근로계약기간 :   년 월 일부터   년 월 일까지

　※ 근로계약기간을 정하지 않는 경우에는 "근로개시일"만 기재

2. 근 무 장 소 :

3. 업무의 내용 :

4. 소정근로시간 :   시 분부터   시 분까지 (휴게시간 : 시 분~ 시 분)

5. 근무일/휴일 : 매주   일(또는 매일단위)근무, 주휴일 매주   요일

6. 임 금

- 월(일, 시간)급 :   원

- 상여금 : 있음 (   )   원, 없음 (   )

- 기타급여(제수당 등) : 있음 (   ), 없음 (   )
             원,   원

- 임금지급일 : 매월(매주 또는 매일)   일(휴일의 경우는 전일 지급)

- 지급방법 : 근로자에게 직접지급 (   ), 근로자 명의 예금통장에 입금 (   )

7. 연차유급휴가

- 연차유급휴가는 근로기준법에서 정하는 바에 따라 부여함

8. 사회보험 적용여부(해당란에 체크)

☐ 고용보험   ☐ 산재보험   ☐ 국민연금   ☐ 건강보험

9. 근로계약서 교부

- 사업주는 근로계약을 체결함과 동시에 본 계약서를 사본하여 근로자의 교부요구와 관계없이 근로자에게 교부함(근로기준법 제17조 이행)

10. 기 타

- 이 계약에 정함이 없는 사항은 근로기준법령에 의함

　　　　　　　　　　　　　　　　　　　　　　　　　　년   월   일

　　　사업체명 :

(사업주) 주   소 : (전화 :   )
　　　대 표 자 :

　　　주   소 : (서명)
(근로자) 연 락 처 :
　　　성   명 :

　　　　(서명)

표준 동업계약서(2인이 공동경영)

○○○(이하 "갑"이라 한다)와 ○○○(이하 "을"이라 한다)는 아래와 같이 동업계약을 체결한다.

제1조【계약의 목적】

"갑"과 "을"은 ○○사업(이하 "동업사업"이라 한다)의 운영과 관련하여 구체적인 권리 · 의무 및 협업의 내용을 정하기 위해 본 계약을 체결한다.

제2조【출자의무】

본 계약에 따라 "갑"과 "을"이 투자할 총 금액 및 비율은 다음과 같다.

1. "갑" : 일금   원정 (₩   ), ○%
2. "을" : 일금   원정 (₩   ), ○%

제3조【업 무】

위 영업을 경영함에 필요한 제3자와의 거래, 영업명의, 기타 영업에 부수되는 행위는 "갑"과 "을"이 이를 공동으로 대표하며 권리의무를 "갑"과 "을"이 부담 취득한다.

제4조【겸업 금지】

상대방의 사전서면동의가 없는 한 "갑" 또는 "을"은 본 계약상의 동업사업과 동종 또는 경쟁이 될 수 있는 사업을 독자적으로든 제3자와의 동업으로든 별도로 경영할 수 없다. "갑" 또는 "을"이 이를 위반할 경우 상대방은 그에 따른 손해배상을 청구할 수 있다.

제5조【이익의 배분】

1. 각 회계결과에 의거하여 매월 세전 이익에서 예치금 ○%를 예치한 후 각각 ○ 대 ○으로 "갑"과 "을"에게 이익배당을 지급한다(이익배당일은 매월 ○일로 하며 휴일인 경우 그 다음날로 한다).
2. 매출기준에 따른 부가세 및 종합소득세의 납부도 "갑"과 "을"이 각각 ○ 대 ○으로 부담한다.

제6조【손실부담】

"갑"과 "을"이 위 동업사업의 경영으로 인하여 손실을 보았을 때에는 출자비율에 따라 손실을 부담한다.

제7조【계약기간】

본 계약은 계약체결일로부터 ○년간 유효하다.

단, 본 계약 만료일 ○개월 전까지 "갑" 또는 "을" 중 일방이 본 계약의 갱신거절을 서면으로 통보하지 않는 한 본 계약은 자동적으로 ○년씩 연장된다.

제8조【회계 및 보고】

1. 회계는 일반적으로 승인되는 회계기준과 실무에 따른다.
2. "갑"과 "을"은 상대방의 요구에 따라 언제든지 서면으로 경리에 관한 사항과 영업 및 거래에 관한 회계자료를 제시하고 영업전반에 관한 사항을 보고하여야 한다.

제9조【계약해지 사유】

1. "갑"과 "을" 중 상호 신뢰를 위반하는 행동으로 인해 더 이상 동업계약의 목적을 달성하기 어렵다고 판단되는 경우 일방 당사자는 위반 당사자에 대한 통지로써 본 계약을 해지할 수 있다.
2. 위 1항의 사유가 없다 하더라도 "갑"과 "을"은 ○개월간의 사전통지기간을 두어 계약을 해지할 수 있다.

제10조【계약 종료 또는 해지후의 정산】

1. 본 계약이 계약기간 만료 등으로 인해 쌍방의 합의에 의해 종료되는 경우, 또는 일방의 계약갱신 거절로 인해 계약이 종료되는 경우, 그리고 일방의 의사표시에 의해 해지되는 경우, "갑"과 "을"은 본 동업영업의 자산(동산ㆍ부동산 일체 포함)을 처분하여 상호 균등하게 분배하기로 한다.
2. 이와 같은 정산을 함에 있어 부동산은 정산시점의 시세를 기준으로 하고, 기타자산은 개업기준으로 감가상각을 차감한 금액을 기준으로 한다. 동산은 현재 보유동산 중 국세 및 기타 제 3자에 대한 채권을 정산한 이후 잔액을 기준으로 배분하기로 한다.

제11조【손해배상】

"갑"과 "을"은 이 계약이 당사자 어느 일방의 귀책사유로 해지 또는 종료된 경우 상대방에게 그 손해를 배상하여야 한다.

제12조【비밀엄수】

"갑"과 "을"은 본 계약 체결 및 이행과정에서 알게 된 상대방의 영업비밀은 계약기간 중은 물론이고 계약종료 후에도 제3자에게 누설 할 수 없다. 이를 위반 시에는 위반 당사자는 상대방에게 민·형사상의 책임을 지기로 한다.

제13조【성실준수 및 관할 법원 지정】

"갑"과 "을"은 본 계약 및 제반규정을 상호간 성실히 준수하도록 하며 최대의 이익을 내는 데 협조를 아끼지 말아야 한다. 본 계약과 관련하여 분쟁이 발생했을 시에는 ○○지방법원을 제1심 관할법원으로 하여 해결하기로 한다.

위 계약을 증명하기 위하여 본 계약서를 2통 작성하여 서명 또는 날인한 후 당사자가 각각 1통씩 보관한다.

계약일자 : 20 년 월 일

(갑) 주   소 :
      주민번호 :
      성   명 :   (인)
      연 락 처 :

(을) 주   소 :
      주민번호 :
      성   명 :   (인)
      연 락 처 :

금전소비대차계약서

채권자 ○○○(이하 "갑"이라 한다)와 채무자 ○○○(이하 "을"이라 한다) 사이에 아래와 같이 금전소비대차계약을 체결한다.

제1조 【목 적】

"갑"은 일금   원정 (₩   )을 "을"에게 대부해주고 "을"은 이것을 차용한다.

제2조 【변 제】

"을"은 "갑"에 대하여 제1조의 차용금을 다음과 같이 분할하여 "갑"의 주소에 지참 또는 송금하여 지급한다.

1. 20 년 월 일, 일금   원정 (₩   )
2. 20 년   월   일부터 20 년   월   일 이전에 매월 말일까지 금 ○○○원씩 변제한다.

제3조 【이 자】

본 건 대금의 이자는 원금에 대한 연 ○%의 비율로 하고 "을"은 "갑"에 대하여 20 년   월   일부터 매월 말일까지 당해 월 분의 이자를 그 당시의 "갑"의 주소에 지참 또는 송금하여 지급한다.

제4조 【기한의 이익 상실】

다음의 경우 "을"은 당연히 기한의 이익을 잃고 그때에 있어서의 원리금을 즉시에 지급한다.

1. "을"이 원금 또는 이자 중 어느 하나의 지급을 2회 이상 지체했을 때
2. "을"이 제3자로부터 압류, 가압류, 가처분을 받고 혹은 경매신청 또는 파산선고신청을 받았을 때

제5조 【연체손해금】

"을"이 기한의 이익을 상실했을 때는 그 당시의 원리금 합계에 대하여 상실 시부터 지급완료에 이르기까지 연 ○%의 연체손해금을 부과한다.

제6조 【합의관할】

이 계약에 의하여 발생하는 소송 그 밖의 신청에 관해서는 ○ ○법원을 그 관할 법원으로 하는 것에 "갑", "을"은 각기 동의한다.

제7조【규정 외 사항】

"갑", "을" 은 상호 간에 이 계약 각 조항을 준수할 것으로 하고 이 계약에 규정이 없는 사항이 발생했을 때나 이 계약 각 조항에 관하여 이의가 생겼을 때는 상호 성의를 가지고 협력하여 해결한다.

제8조【특약사항】

상기 계약 일반사항 이외에 아래 내용을 특약사항으로 정하며, 일반사항과 특약사항이 상충되는 경우에는 특약사항을 우선하여 적용하도록 한다.

　　1.

　　2.

　　3.

위와 같이 계약을 체결하고 계약서 2통을 작성, 서명 날인 후 "갑"과 "을"이 각각 1통씩 보관한다.

계약일자 : 20　년　월　일

(갑)　주　소 :

　　　주민번호 :

　　　성　명 :　　　　(인)

　　　연 락 처 :

(을)　주　소 :

　　　주민번호 :

　　　성　명 :　　　　(인)

　　　연 락 처 :

경조금 지급 규정

제1조【목 적】
이 규정은 ○○주식회사(이하"회사"라고 한다)의 사원 및 그 가족의 경조사에 대하여 회사에서 지급하는 경조금에 관한 기준과 절차를 규정함을 그 목적으로 한다.

제2조【적용범위】
회사 사원 및 그 가족의 경조금 지급에 관하여는 다른 규정에서 특별히 정함이 있는 경우를 제외하고는 이 규정이 정하는 바에 의한다.

제3조【구 분】
경조금의 종류는 다음 각호와 같이 구분한다.
1. 축의금
2. 조의금
3. 위로금

제4조【지급기준】
제3조에서 정한 경조금의 지급기준은 다음 각호와 같다

1. 축의금

구 분	내 용	금 액	비 고
축 의 금	부모 및 처부모 회갑	○○○원	
	조부모 회갑	○○○원	
	본인 결혼	○○○원	
	자녀 결혼	○○○원	
	형제자매 결혼	○○○원	
	자녀출산	○○○원	

2. 조의금

구 분	내 용	금 액	비 고
조 의 금	부모 및 처부모, 배우자상	○○○원	
	자녀상	○○○원	
	조부모, 백·숙부모상	○○○원	
	형제자매상	○○○원	

3. 위로금 : 위로금은 재해위로, 병상위로 등 사장이 결정하여 집행을 한다.

제5조【지급신청】

1. 경조금의 지급대상은 ○개월 이상 근속한 사원 중 경조사유가 발생한 자로 하며 휴직중인 자는 제외한다.
2. 이 규정에서 정하는 경조사유가 발생한 경우에는 경조금 지급 신청서(별지서식 제1호)를 작성하여 본인 또는 그 소속장이 총무부에 경조금을 신청한다.
3. 이 규정에 의하여 발생한 청구권은 권리발생일로부터 ○개월간 청구하지 않으면 소멸한다.

제6조【지급방법】

1. 이 규정에 의한 경조금의 지급은 본인에게 직접 지급됨을 원칙으로 한다.
   다만, 본인의 직접수령이 불가능할 경우 대리인에게 지급할 수 있다.
2. 유족에게 지급하는 경우에는 사장이 인정하는 자에게 지급한다.
3. 총무담당부서는 신청서 접수일로부터 ○일 이내에 수령해당자에게 경조금을 지급하여야 한다.
   다만, 필요에 따라 발생일 즉시 지급할 수 있다.
4. 동일사유에 대한 경조금 수령 해당자가 2인 이상일 경우에는 고액수령 해당자 1인에게만 경조금을 지급한다.
5. 특수한 사정으로 인하여 지급기준에 대한 예외를 요하는 경우에는 사장이 결정하여 집행한다.

제7조【예외지급】

1년 이상 근속한 여사원이 결혼으로 인하여 퇴직한 후 2개월 내에 결혼한 경우에도 이 규정이 정한 결혼에 대한 축의금을 지급한다.

제8조【재해의 범위】

이 규정의 재해는 천재지변, 화재 등 불가항력적인 업무외의 사고에 의한 재산상, 신체상의 피해를 말한다.

다만, 이 경우 화재위로금의 지급기준은 사장이 결정한다.

부   칙

제1조【시행일】

이 규정은 20 년   월   일부터 시행한다.

경조금 지급 신청서

수 신:

경조금 지급규정 제○조에 의거하여 다음과 같이 경조금을 신청하오니
지급하여 주시기 바랍니다.

– 다　　음 –

신청인	소　　　속	직　위	성　　명

신청사항	신 청 사 항	□ 결혼 □ 회갑 □ 출산 □ 사망, 기타(　　)	
	피 신 청 자	주민등록번호	
		성　　명	
		신청인과의관계	
	신 청 금 액		원

증빙자료 첨부 : 가족관계서류 및 청첩장 및 부고장 등

20 년 월 일

신 청 자 :　　　(인)

확 인 자 :　　　(인)

포상 규정

제1조【목 적】

이 규정은 ○○주식회사(이하 "회사"라고 한다)에 기여한 공적이 현저한 사원과 단위부서 및 외부 인사에 대하여 포상을 실시함으로서 사원의 사기양양과 회사발전을 도모함을 목적으로 한다.

제2조【표창의 종류】

포상의 종류는 다음 각 호와 같다.

1. 표창장 : 표창장은 근속 표창과 공로 표창으로 구분한다.
2. 상　장 : 상장은 제안상, 각종 행사 및 경기대회상, 교육훈련상, 기타 필요목적에 따라 수여되는 상으로 구분한다.

제3조【근속표창】

전조 1호의 근속표창은 다음 각 호에 해당한 사원에게 수여한다.

1. 5년 이상 근속자
2. 10년 이상 근속자
3. 20년 이상 근속자

제4조【공로표창】

제2조 1호의 공로표창은 유공 우수사원1,2,3 등, 기타 모범사원(부서)로 구분하여 제 6조의 심사 기준에 의하여 선발된 자에게 수여한다.

제5조【포상권자】

포상권자는 포상의 기준에 따라 다음과 같이 구분한다.

종　　　　류		기　　　준	포 상 권 자
근 　속 　표 　창		제 3 조의 각호 인원	사장
공로표창	유공우수사원	제 8 조의 심사기준에 의하여 최우선적으로 선발된 자	사장
		위 기준(사장상)의 차순위로 선발된 자	본부장
	모범사원(부서)	모범 사실의 정도에 따라	사장, 본부장

제6조【심사기준】

심사기준은 전사원을 대상으로 하며 다음 각 호와 같다.

　　1. 1년 이상 근속한 재(경력입사자는 6개월 이상)

　　2. 사무관리 – 사무관리 개선으로 업무능율향상과 회사 경영성과에 공로가 큰 자

　　　　기　　술 – 신제품 개발로 회사경영에 기여한 공로가 큰 자

　　　　생　　산 – 기능정도가 현저하게 숙련되어 생산성 향상에 기여한 공로가 큰 자

제7조【유공우수사원 추천】

1. 유공우수사원의 추천자는 다음 각 호와 같다.

　　1) 생산부문: 생산부문의 부장급 이상

　　2) 기타부문: 각 부문의 임원

2. 생산부문은 각 사업장별로 포상인원을 감안하여 기능 및 작업의 유사성에 따라 생산부문을
재분류하여 생산 각 부문에서 포상자가 선발되도록 추천하여야 한다.

제8조【포상위원회】

유공우수사원의 추천시 인사권이 각 사업장에 있는 직급은 각 사업장의 장이 포상위원회의
위원장이 되며 위원은 부서장급 이상 중에서 3인 이상 5인 이내로 구성하여 포상자를 결정하고
사장의 보고를 필한 후 시행한다.

제9조【포상시기】

　　1. 근속표창: 회사창립기념일

　　2. 유공우수사원: 년말 또는 년시 (사업자의 사정에 따라 선택)

　　3. 모범사원: 모범사실이 있는 직후

제10조【각종 서식】

이 규정에서 사용되는 각종 서식은 다음 각 호와 같다.

　　　1. 추천서(별지서식 제1호)

　　　2. 공적조서(별지서식 제2호)

　　　3. 공적심사조서(별지서식 제3호)

부　칙

제1조【시행일】

본 규정은 20　년　월　일 부터 시행한다.

【별지서식 제1호】추천서
【별지서식 제2호】공적조서
【별지서식 제3호】공적심사조서

추 천 서

피추천인	성 명	직 위	소 속	
			부	과
추천사유				

　상기인을 20　년도 (　　　　) 부문 유공 우수사원으로 추천하오니 심사 후 포상하여 주시기 바랍니다.

20 년 월 일

추천인	직 위		성 명	(인)

대표이사 귀하

공 적 조 서

성 명		한자영문		
주 민 등록번호				
생년월일		전화번호		
본 적				
주 소				

직 업	소 속	
직 위	등 급 (직 급 · 계 급)	근무시간(수공기간)

공 적 요 지 (50자 내외)	공 적 분 야		—	

추천훈격		추천순위	
조 사 자			
소 속		직 위	
직 급		성 명	(인)

위의 기록이 틀림없음을 확인합니다.

20 년 월 일

추 천 인   직위 :   성 명 :   (인)

공적심사조서

부문

성 명	직 위	소 속	

심사내용	심 사		비 고
기 본 (근속 · 인사고과 · 포상실적)			인사담당부서 심 사
공 적	점수	이 유	인사 (포상) 위원회 심사

20 년 월 일

심사자 직위	
성 명	(인)